The First-Class Rich Man
Talks About The Boom

초일류 부자는
호황을 이야기한다

디지털 공유경제 트렌드 및 재테크 정보게임

김 종 권

박영사

머리말

미국에 있어서 세계 초일류기업을 운영하고 있는 기업가들은 인터넷을 기반으로 하여 사업을 확장해 나가고 있는데, 이들 기업들은 항상 호황을 구가할 수 있는 상황을 갖고 있다. 예를 들어, 미국에서 공화당 정부가 집권 시에는 법인세 인하 등을 통하여 기업의 자유로운 활동으로 매출액과 판매액 등이 늘어나서 이익을 창출해 나갈 수 있다.

공유경제는 휴대폰 서비스를 비롯한 4차 산업혁명과 IoT를 비롯하여 로봇, 인공지능, 블록체인 등과 매우 밀접하게 성장해 나가고 있다. 이는 미국에서 시작되어 동남아시아의 국가를 비롯하여 새로운 형태의 비즈니스를 만들어 가고 있으며, 세계적인 기업이 투자를 해나가고 있는 분야이기도 하다.

미국에서 민주당 정부가 들어서면 서민대출과 관련된 저금리 기조를 비롯한 금리인하가 단행되어 저금리로 인해 풍부한 유동성을 기반으로 하는 자산가치의 상승이 있게 된다.

세계 초일류기업의 운영가도 회사와 별도로 개인적인 80세까지의 프로젝트를 진행하고 설계를 한다. 외국의 경우에도 개인 투자자에게 있어서 강변을 중심으로 하는 자산들에 있어서 가격 상승이 다른 지역보다 높은지와 홍콩과 싱가포르, 대만 등과 같이 경제규모가 비슷한 국가에서의 아파트 가격을 포함한 지가의 수준과 한국이 높은지 등도 살펴볼 필요가 있다.

그리고 개인적으로 인생 설계 상 은퇴기 이후에 병원비와 생활비를 위한 연금과 각종 금융상품과 금을 포함한 안전자산 등의 실물자산의 비율과 관련된 포트폴리오도 생각할 필요성이 있다.

최근 동향에서는 앞서 언급한 바와 같이 세계 무역질서의 안정뿐 아니라 미국을 비롯한 세계 금리 정책동향 등까지 세계 투자자들이 주목하고 있는 상황이다. 이러한 세계 거시경제의 흐름과 미시적인 산업 및 기업동향 등에 주목하여야 하는 시점이다.

디지털 재테크는 이와 같은 배경으로 인하여 무수히 반복되는 게임에 개인이나 기업 등이 직면한다는 점도 중요할 것으로 판단된다. 이는 각종 정확하고 부가가치가 높은 정보가 무엇인지 잘 판단해 나가는 것도 디지털 재테크 시대에 중요한 것으로 파악된다.

제1편 공유경제 트렌드와 세계 경제 및 무역 구조의 게임양상에서는 제1장 공유경제 트렌드와 실물·금융자산 투자 및 경제 게임 중 제1절 공유경제 트렌드와 금융자산 및 실물자산 투자와 제2절 제2절 경제 게임과 내쉬에 의한 균형이론으로 구성되어 있다. 제2장 공유경제와 새로운 도시형 기술혁신, 세계 경제 체제에서는 제1절 죄수의 고뇌게임으로 살펴본 한·미·중·일의 무역 게임과 제2절 공유경제와 새로운 도시형 기술혁신 및 경제 발전의 관계로 되어 있다.

제2편 해외 부동산투자 전개와 게임이론의 현실 적용 모색 중 제3장 최후의 의사전달과 기축통화관련 고뇌게임, 미국 경제에서는 제1절 최후의 의사전달과 관련된 게임과 각종 상거래와 제2절 기축통화관련 딜레마(고뇌) 게임과 미국 경제로 나누어 있다. 그리고 제4장 해외 부동산투자 전개와 게임에는 제1절 브렉시트 논의를 비롯한 현실 경제와 진화 및 전통 게임과 제2절 세계적인 저금리 추세와 해외 부동산투자 전개로 되어 있다.

제3편 세계 최고 부자의 경제관과 국내외 부동산관련 투자의 게임에서는 제5장 세계 최고 부자의 경제·경영관과 재테크 투자 게임 중 제1절 진화론적인 경제 게임과 부동산 관련 투자 상품과 제2절 세계 최고 부자의 경제관과 게임의 전개과정으로 나누어져 있다. 제6장 국내외 부동산관련 투자와 대·소기업의 게임에서는 제1절 대·소기업의 게임, 협상 및 블록체인과 제2절 혼합전략 게임과 확률 모형 및 국내외 부동산관련 투자로 구성되어 있다.

제4편 공유 경제와 개인 및 기업관련 정보경제에서는 제7장 기업관련 게임 및 국내외 부동산(주택)가격 동향 중 제1절 기업관련 수량과 광고관련 게임 및 국내 자산과 제2절 기업의 가격인하와 비가격인하 전략 게임 및 해외 자산으로 되어 있다. 제8장 세계 초일류 부자의 경제와 경영관과 정보에서는 제1절 이타적인 경향의 기업경영 게임과 공유 경제와 제2절 진화론적인 게임 장점과 세계 초일류 부자의 경제와 경영관으로 나누어 있다.

제5편 공유경제 디지털 재테크 게임과 억만장자의 정보경제 중 제9장 공유경제의 디자인과 진화론적인 반복 게임에는 제1절 공유경제의 디자인 및 행동주의적인 경제학과 제2절 진화론적인 게임의 세계관의 반복적인 경제 및 무역 게임, 제3절 공유경제 디지털 재테크 게임과 억만장자의 정보경제로 구성되어 있다.

이 책이 나올 수 있도록 배려해주신 안종만 회장님과 안상준 대표님께 어떠한 말로도 대신할 수 없는 무한한 감사말씀을 전해 올린다. 그리고 항상 기회를 주시고 여러 가지 좋으신 말씀을 아끼시지 않으시고 계시는 손준호 과장님께 정중히 두 손 모아 감사말씀을 올린다.

이 책은 누구나 관심이 있는 재테크 관련 정보와 이를 둘러싼 경제상황과 움직임을 공부하시려는 모든 분들과 새로운 디지털 공유경제가 혁신적으로 발전해 나가고 있는 4차 산업혁명의 트렌드에 새로운 분야들에 늘 갈망하시는 독자분들에게 도움이 되리라 생각을 하고 저술하였다.

그리고 이 책을 통하여 경제와 경영의 게임을 곁들여서 현실 경제를 통해 재테크 관점에서의 투자의 판단과 정보경제적인 측면에서도 관심을 가질 수 있는 모든 분들에게 도움을 드리고자 하였다. 따라서 공무원 준비의 수험생 분들과 실물분야와 금융 분야 등에 재테크 투자에 관심이 있으신 투자자 분들을 포함하여 기업체 종사자 분들 그리고 금융과 재정 분야 등 관련 분야 자격증을 준비하시는 분들께도 도움을 드리고자 하였다.

또한 실질적으로 도움이 되고 정리할 수 있도록 연습문제도 장별로 나누어서 집필하였다. 그리고 회귀분석과 상관분석을 포함하여 그래프들로 현실 경제와 미래에 대한 정리와 나름대로 경제 및 경영관을 가질 수 있도록 배려하였다.

항상 신한대학교의 학생 분들을 포함하여 구성원 분들께 고마운 마음을 담아 감사말씀을 전해 올린다.

항상 함께 감사의 삶과 기쁨을 함께 하여 주시는 가족의 분들에게 진심으로 감사말씀을 올린다. 항상 너를 보호해 주시겠다는 하나님의 말씀을 깊이 간직하며 하나님에게 감사말씀을 정중히 올린다. 이 책을 통해 공부해 주시는 모든 분들에게 형언할 수 없는 감사의 말씀을 거듭 올린다.

2019년 10월
김종권

차 례

제3편

세계 최고 부자의 경제관과 국내외 부동산관련 투자의 게임

제4편

공유 경제와 개인 및 기업관련 정보경제

제5편

공유경제 디지털 재테크 게임과 억만장자의 정보경제

제1편

공유경제 트렌드와 세계 경제 및 무역 구조의 게임 양상

제1장   공유경제 트렌드와 실물·금융자산 투자 및 경제 게임

제1절   공유경제 트렌드와 금융자산 및 실물자산 투자

투자자들이 벌어들인 소득은 저축과 소비로 직결이 된다. 즉 소득 중에서 소비하고 남은 나머지는 저축으로 인하여 향후 필요할 때 사용하려는 목적과 부의 축적의 수단 등으로 활용될 수 있는 것이다.

이와 같은 투자에는 주식을 비롯한 금융자산(financial asset)에 대한 투자도 있고 부동산과 같은 실물자산에 대한 투자도 있다. 주식을 비롯한 금융자산에 대한 투자자의 투자는 기업의 활동자금으로 활용될 수 있는 것이다.

표 1-1 ┃ 투자 : 금융자산(financial asset)과 실물자산

	특징적인 요소
투자 : 금융자산(financial	투자자들이 벌어들인 소득은 저축과 소비로 직결이 된다. 즉 소득 중에서 소비하고 남은 나머지는 저축으로 인하여 향후 필요할

	때 사용하려는 목적과 부의 축적의 수단 등으로 활용될 수 있는 것이다.
asset)과 실물자산	투자에는 주식을 비롯한 금융자산(financial asset)에 대한 투자도 있고 부동산과 같은 실물자산에 대한 투자도 있다. 주식을 비롯한 금융자산에 대한 투자자의 투자는 기업의 활동자금으로 활용될 수 있는 것이다.

이는 결국 기업들의 생산 활동과 미래를 위한 투자 등으로 이어진다. 하지만 불확실성이 이와 같은 투자에는 항상 의문시되는 것이다. 예를 들어 물가상승률이 얼마일지 또는 미국을 비롯한 세계 금융시장에서 통화금융정책은 어떤 방향으로 전개될지 등이 기업들이 항상 주의를 기울여야 하는 중요한 요소들이 되는 것이다.

즉 기업들이 행하는 모든 것들이 게임(game)이고 개인들이 투자하는 모든 것들도 게임과 직접적으로 연계되어 있다. 개인과 기업들의 상행위의 모든 협상(negotiation)의 과정과 타협 또한 게임과 연계되어 나아간다.

또한 이와 같은 불확실성에는 시간가치도 고려하여야 하는 중대한 판단도 있다. 그리고 세계화되어 있는 가운데 동조화 체제를 가지고 있는 세계 경제시장과 세계 금융시장도 고려되어야 한다.

표 1-2 불확실성과 게임(game)

	특징적인 요소
불확실성과 게임(game)	기업들의 생산 활동과 미래를 위한 투자 등으로 이어진다. 하지만 불확실성이 이와 같은 투자에는 항상 의문시되는 것이다. 예를 들어 물가상승률이 얼마일지 또는 미국을 비롯한 세계 금융시장에서 통화금융정책은 어떤 방향으로 전개될지 등이 기업들이 항상 주의를 기울여야 하는 중요한 요소들이 되는 것이다.
	기업들이 행하는 모든 것들이 게임(game)이고 개인들이 투자하는 모든 것들도 게임과 직접적으로 연계되어 있다. 개인과 기업들의 상행위의 모든 협상(negotiation)의 과정과 타협 또한 게임과 연계되어 나아간다.
	불확실성에는 시간가치도 고려하여야 하는 중대한 판단도 있다. 그

리고 세계화되어 있는 가운데 동조화 체제를 가지고 있는 세계 경제시장과 세계 금융시장도 고려되어야 한다.

그림 1-1 한국 소비자물가지수 증감률(전년동월대비)과 한국 산업생산지수 증감률(계절변동조정, 전년동월대비)

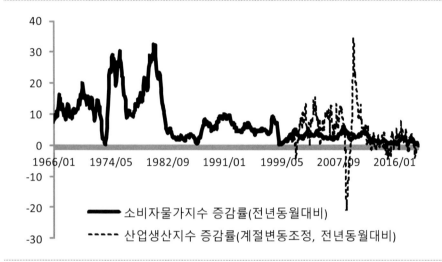

<그림 1-1>은 한국 소비자물가지수 증감률(전년동월대비)과 한국 산업생산지수 증감률(계절변동조정, 전년동월대비)의 동향이다. 이와 같은 그림에서 한국 소비자물가지수 증감률(전년동월대비)과 한국 산업생산지수 증감률(계절변동조정, 전년동월대비)은 각각 1966년 1월부터 2019년 8월과 2001년 1월부터 2019년 5월까지의 데이터이다.

한국 소비자물가지수 증감률(전년동월대비)과 한국 산업생산지수 증감률(계절변동조정, 전년동월대비)의 단위는 모두 %이다. 그리고 이 데이터들은 한국은행(BANK OF KOREA)의 홈페이지에 나와 있는 경제통계시스템을 이용하여 얻은 것이다.[1]

여기서 회귀분석(regression)을 토대로 살펴보면 한국 소비자물가지수 증감률(전년동월대비)이 종속변수이고 한국 산업생산지수 증감률(계절변동조정, 전년동월대비)이 독립변수이었을 때의 회귀계수가 0.04이었다. 한편 한국 산업생산지수 증감률(계절변동조정, 전년동월대비)을 종속변수로 하고 한국 소비자물가지수 증감률(전년

_____
1) http://ecos.bok.or.kr/

동월대비)을 독립변수로 회귀분석을 하였을 경우 회귀계수는 1.19이었다.

회귀계수에서도 알 수 있듯이 소비자물가가 산업생산에 미치는 영향을 적지 않다. 2019년 8월과 같이 소비자물가가 0.0%의 수치를 보인다는 것은 경제성장에 좋은 영향을 주지는 못할 수 있다고 판단된다.

특히 가격이 하락하고 있는 품목의 비율이 늘어나는지 잘 살펴보아야 하고 이와 같이 진행이 된다면 경기침체의 우려와 더 나아가 디플레이션의 압력(pressure)이 증가하고 있음을 주시하여야 한다고 시장에서는 내다보고 있다.

한편으로는 사람들이 체감하는 물가에는 이와 같이 느껴지지 않을 수 있는 것은 무엇일까? 이는 사람들이 실생활에서 느끼는 항목들에서는 더 민감하게 느껴지는 부분이 있을 수 있기 때문이다. 이에 따라 외식과 관련된 비용과 같이 사람들이 피부로 느끼는 체감의 물가상승률 부분이 있기 때문으로 보인다. 따라서 <그림 1-2>에서는 소비자동향조사를 토대로 체감 물가수준은 어떻게 진행되는지 파악해 보았다.

그림 1-2　한국 소비자동향조사 물가수준전망(1년후, 전년동월대비)CSI와 한국 산업 생산지수 증감률(계절변동조정, 전년동월대비)

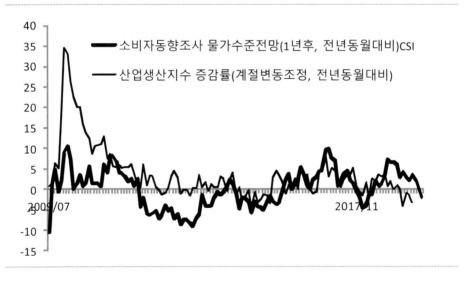

<그림 1-2>는 한국 소비자동향조사 물가수준전망(1년후, 전년동월대비)CSI와 한국 산업생산지수 증감률(계절변동조정, 전년동월대비)의 동향이다. 이와 같은 그림에서 한국 소비자동향조사 물가수준전망(1년후, 전년동월대비)CSI와 한국 산업생산지수 증감률(계절변동조정, 전년동월대비)은 각각 2009년 7월부터 2019년 8월과 2009년 7월부터 2019년 5월까지의 데이터이다.

한국 소비자동향조사 물가수준전망(1년후, 전년동월대비)CSI와 한국 산업생산지수 증감률(계절변동조정, 전년동월대비)의 단위는 모두 %이다. 그리고 이 데이터들은 한국은행(BANK OF KOREA)의 홈페이지에 나와 있는 경제통계시스템을 이용하여 얻은 것이다.

여기서 회귀분석(regression)을 토대로 살펴보면 한국 소비자동향조사 물가수준전망(1년후, 전년동월대비)CSI가 종속변수이고 한국 산업생산지수 증감률(계절변동조정, 전년동월대비)이 독립변수였을 때의 회귀계수가 0.31이었다.

한편 한국 산업생산지수 증감률(계절변동조정, 전년동월대비)을 종속변수로 하고 한국 소비자동향조사 물가수준전망(1년후, 전년동월대비)CSI를 독립변수로 회귀분석을 하였을 경우 회귀계수는 0.64이었다. 여기서 CSI는 소비자의 동향지수를 의미한다.

이와 같은 국내 경기요인과 함께 미국과 중국의 무역 마찰의 이슈에 따른 위안화의 움직임과 한국의 대미달러 환율의 흐름 등과 같은 대외적인 요건도 함께 잘 파악해 나가야 경제적인 안정을 가져올 수 있을 것으로 판단된다.

한편 실물경제와 관련하여서는 세계적으로는 주택 경기가 긍정적인 추세를 보였지만 세계적인 고령화의 영향으로 향후 추세에 대하여는 신중론도 제기되고 있는 상황이다. 한국의 경우에 있어서도 이와 같은 고령화 문제에 대한 해결 방안이 적극적으로 강구되어야 부동산 경기의 안정적인 흐름이 향후에도 지속적으로 이어질 수 있을 것으로 판단된다.

표 1-3 주택 경기의 안정화와 고령화

	특징적인 요소
주택 경기의 안정화와 고령화	실물경제와 관련하여서는 세계적으로는 주택 경기가 긍정적인 추세를 보였지만 세계적인 고령화의 영향으로 향후 추세에 대하여는 신중론도 제기되고 있는 상황이다. 한국의 경우에 있어서도 이와 같은

고령화 문제에 대한 해결 방안이 적극적으로 강구되어야 부동산 경기의 안정적인 흐름이 향후에도 지속적으로 이어질 수 있을 것으로 판단된다.

세계적인 공유경제의 시스템의 휴대폰에 의한 환경으로 인하여 더욱 가속화될 것으로 판단된다. 공유경제의 장점으로는 편리성과 신뢰성 구축, 공동체와 관련하여 구축이 원활하다는 것 등이다.[2]

표 1-4 공유경제의 장점

	특징적인 요소
공유경제의 장점	세계적인 공유경제의 시스템의 휴대폰에 의한 환경으로 인하여 더욱 가속화될 것으로 판단된다. 공유경제의 장점으로는 편리성과 신뢰성 구축, 공동체와 관련하여 구축이 원활하다는 것 등이다.

지속가능한 세계 질서의 유지를 위해서는 각국마다 파레토 최적의 달성을 위한 재정적인 집행이 이루어져야 한다. 이는 국민들의 복지와 후생 수준의 극대화를 의미한다. 이와 같은 안정적인 경제의 흐름 위에서 개인들의 투자는 어떻게 이루어져야 할까?

이는 전문가들의 지적에 따르면, 포트폴리오의 구성에 의한 분산 투자가 가장 효율적일 것으로 판단하고 있다. 특히 향후 당분간 경기 침체가 예상된다면 이전에 비하여 국내외에 금액 비중을 세분화하여 투자하는 것이 안전할 것으로 시장에서는 판단하고 있기도 한 상황이다.

그리고 이와 같은 추세의 흐름으로 인하여 금융시장에서 변동성이 커질 수 있으므로 목표치의 상한보다는 평균을 중심으로 움직이는 모습을 잘 관찰하여 투자가 이루어져야 하는 것이다.

여기에 금융시장의 데이터와 관련하여 국내외 거시경제변수를 비롯한 각종 데이터에 대한 상관관계의 분석도 도움이 될 것으로 파악된다. 그리고 경기 침체 시 미국을 중심으로 세계 금리인하의 움직임도 금융 및 실물자산에 대한 투자 시 적

---

2) Berger, J.(2013), Contagious, Why Things Catch On(Simon & Schuster, New York).

극 고려해야 하는 요인이다.

<table>
<tr><td colspan="2">표 1-5　미국을 비롯한 세계 금리 인하와 포트폴리오의 구성에 의한 분산 투자</td></tr>
</table>

	특징적인 요소
미국을 비롯한 세계 금리 인하와 포트폴리오의 구성에 의한 분산 투자	지속가능한 세계 질서의 유지를 위해서는 각국마다 파레토 최적의 달성을 위한 재정적인 집행이 이루어져야 한다. 이는 국민들의 복지와 후생 수준의 극대화를 의미한다. 이와 같은 안정적인 경제의 흐름 위에서 개인들의 투자는 어떻게 이루어져야 할까?
	이는 전문가들의 지적에 따르면, 포트폴리오의 구성에 의한 분산 투자가 가장 효율적일 것으로 판단하고 있다. 특히 향후 당분간 경기 침체가 예상된다면 이전에 비하여 국내외에 금액 비중을 세분화하여 투자하는 것이 안전할 것으로 시장에서는 판단하고 있기도 한 상황이다.
	이와 같은 추세의 흐름으로 인하여 금융시장에서 변동성이 커질 수 있으므로 목표치의 상한보다는 평균을 중심으로 움직이는 모습을 잘 관찰하여 투자가 이루어져야 하는 것이다.
	여기에 금융시장의 데이터와 관련하여 국내외 거시경제변수를 비롯한 각종 데이터에 대한 상관관계의 분석도 도움이 될 것으로 파악된다. 그리고 경기 침체 시 미국을 중심으로 세계 금리인하의 움직임도 금융 및 실물자산에 대한 투자 시 적극 고려해야 하는 요인이다.

　한국의 경우 수출지향적인 국가에 맞게 정부로부터 2019년 9월 초순에 수출시장에 대한 다변화와 수출이 활력을 찾을 수 있는 다양한 방안을 통하여 2020년 이후 적극적으로 발굴해 나갈 방침인 것으로 알려지고 있다. 이는 한국과 일본의 무역 이슈를 비롯한 대외적인 악영향을 줄여나가기 위한 방침으로 시장에서는 판단하고 있기도 하다.

　이러한 정책들이 시장에 긍정적인 효과로 나타날 경우 앞서 언급한 소비자물가의 흐름도 경기의 안정화와 함께 안정적인 모습과 경제에 좋은 영향을 미치게될 것으로 판단된다. 한편 국제시장에서 유가의 흐름이 경제에 주는 신호(signal)는 무엇일까?

　예전에는 유가의 흐름이 산업에 있어서의 비용증가 요인으로 인한 비용인상

인플레이션 부분으로만 인식되었지만, 증시와 연계하여 판단할 때 금융시장에서는 세계 산업생산이 증가하여 경기가 나쁘지 않다는 인식이 퍼져나갈 때에는 오히려 경제활동성에 긍정적인 신호로 받아들이기도 한다.

2019년 9월 초순 들어서는 미국과 중국의 10월에 기대되고 있는 무역 협상관련 재개로 인한 긍정적인 영향이 증권시장에 반영되고 있다. 이와 같이 세계적으로 가장 큰 이슈 중에 하나인 미국과 중국의 무역 분쟁의 해결 양상이 양 국가뿐 아니라 세계 금융시장에도 가장 큰 변수로 되고 있는 상황이다.

이와 같은 시장의 안정화를 위한 정부정책에는 예산을 수반하여 이루어지게 된다. 한편 한국의 경제규모대비의 국가의 재정수입이 안정적으로 이어지기 위해서는 경제성장이 뒷받침되어야 한다는 것이 시장의 논리이기도 하다.

이는 비금융공기업을 비롯한 공공부문의 수입대비 지출의 수지규모가 잘 유지되는 등 수입대비 지출규모도 안정적으로 이루어지는 것이 국가 전체적으로도 재정의 안정성 유지에도 도움이 될 것이라고 시장에서는 판단하고 있다. 한편 이들은 일반적으로는 공공부문의 확대가 세금증대로 이어져서 민간부문의 위축을 가져올 수도 있다고 판단한다.

그림 1-3   한국 경상수입(전년동월대비)과 한국 산업생산지수 증감률(계절변동조정, 전년동월대비)

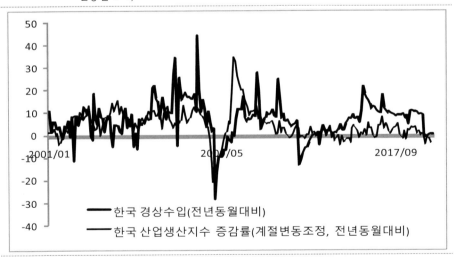

<그림 1-3>은 한국 경상수입(전년동월대비)과 한국 산업생산지수 증감률(계절변동조정, 전년동월대비)의 동향이다. 이와 같은 그림에서 한국 경상수입(전년동월대비)과 한국 산업생산지수 증감률(계절변동조정, 전년동월대비)은 각각 2001년 1월부터 2019년 6월과 2001년 1월부터 2019년 5월까지의 데이터이다.

한국 경상수입(전년동월대비)과 한국 산업생산지수 증감률(계절변동조정, 전년동월대비)의 단위는 모두 %이다. 그리고 이 데이터들은 한국은행(BANK OF KOREA)의 홈페이지에 나와 있는 경제통계시스템을 이용하여 얻은 것이다.

여기서 회귀분석(regression)을 토대로 살펴보면 한국 경상수입(전년동월대비)이 종속변수이고 한국 산업생산지수 증감률(계절변동조정, 전년동월대비)이 독립변수였을 때의 회귀계수가 0.48이었다. 한편 한국 산업생산지수 증감률(계절변동조정, 전년동월대비)을 종속변수로 하고 한국 경상수입(전년동월대비)을 독립변수로 회귀분석을 하였을 경우 회귀계수는 0.31이었다.

<그림 1-4>는 한국 자본수입(전년동월대비, 우축)과 한국 산업생산지수 증감률(계절변동조정, 전년동월대비, 좌축)의 동향이다. 이와 같은 그림에서 한국 자본수입(전년동월대비)과 한국 산업생산지수 증감률(계절변동조정, 전년동월대비)은 각각 2001년 1월부터 2019년 6월과 2001년 1월부터 2019년 5월까지의 데이터이다.

한국 자본수입(전년동월대비)과 한국 산업생산지수 증감률(계절변동조정, 전년동월대비)의 단위는 모두 %이다. 그리고 이 데이터들은 한국은행(BANK OF KOREA)의 홈페이지에 나와 있는 경제통계시스템을 이용하여 얻은 것이다.

여기서 회귀분석(regression)을 토대로 살펴보면 한국 자본수입(전년동월대비)이 종속변수이고 한국 산업생산지수 증감률(계절변동조정, 전년동월대비)이 독립변수였을 때의 회귀계수가 1.35이었다. 한편 한국 산업생산지수 증감률(계절변동조정, 전년동월대비)을 종속변수로 하고 한국 자본수입(전년동월대비)을 독립변수로 회귀분석을 하였을 경우 회귀계수는 0.02이었다.

| 그림 1-4 | 한국 자본수입(전년동월대비, 우축)과 한국 산업생산지수 증감률(계절변동조정, 전년동월대비, 좌축) |

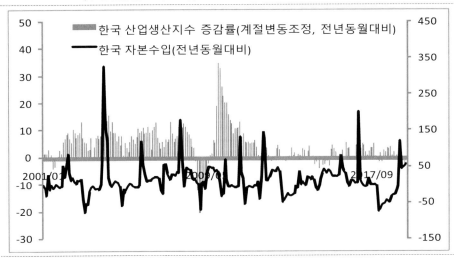

한국경제가 지속가능한 성장을 해 나가면 결국 경제성장을 통하여 일자리 창출과 소득 증대를 이루고 이는 공공부문에 대한 예산 증대로 이루어져 공공서비스도 증대되는 긍정적인 경제체제가 이루어져 갈 것으로 판단된다.

이를 위해서는 전통적으로 GDP에 기여도가 높은 산업들과 향후 성장 가능성이 높은 산업들의 조화로운 발전이 필요할 것으로 보인다. 이와 같은 향후 성장 가능성이 높은 산업 중에서는 블록체인(Blockchain)의 경우를 들 수 있는데, 유통회사를 비롯한 대기업들이 블록체인 서비스를 도입하는 데 관심을 갖고 있거나 진행 중에 있어서 시장에서는 긍정적으로 볼 수 있는 요소가 늘어나고 있다.

향후 세계 경제에 있어서는 환율의 움직임이 자산 가격 및 금융시장에 가장 큰 변수가 될 수도 있다. 이는 미국과 중국의 무역 분쟁에서도 알 수 있듯이 무역과 환율이 밀접하게 연계되어 있기 때문이기도 하다.

| 표 1-6 | 환율의 움직임과 자산 가격 및 금융시장 |

	특징적인 요소
환율의 움직임과 자산 가격 및	세계 경제에 있어서는 환율의 움직임이 자산 가격 및 금융시장에 가장 큰 변수가 될 수도 있다. 이는 미국과 중국의 무역 분쟁에서도

금융시장	알 수 있듯이 무역과 환율이 밀접하게 연계되어 있기 때문이기도 하다.

시장에는 공유경제의 발전 가능성에 대하여 미국을 비롯한 다른 국가들의 사람들은 대체로 사용자와 공급자 사이에 신뢰성 제고가 가장 중요할 것으로 판단하고 있는 것으로 알려지고 있다. 그리고 시장에서는 공유경제에 대하여 장점으로 대체로 공유경제를 통하여 가격이 저렴해질 것을 기대하고 있다. 하지만 공유경제가 지속가능한 경제 행위에 속하는지에 대하여는 아직 의문점을 가지고 있는 사람들도 많은 것이 현실이다.

표 1-7   공유경제의 발전 가능성과 보완점

	특징적인 요소
공유경제의 발전 가능성과 보완점	시장에는 공유경제의 발전 가능성에 대하여 미국을 비롯한 다른 국가들의 사람들은 대체로 사용자와 공급자 사이에 신뢰성 제고가 가장 중요할 것으로 판단하고 있는 것으로 알려지고 있다. 그리고 시장에서는 공유경제에 대하여 장점으로 대체로 공유경제를 통하여 가격이 저렴해질 것을 기대하고 있다. 하지만 공유경제가 지속가능한 경제 행위에 속하는지에 대하여는 아직 의문점을 가지고 있는 사람들도 많은 것이 현실이다.

그림 1-5   공유경제의 발전 가능성에 대한 체계

공유경제의 발전 가능성

↓

사용자와 공급자 사이 신뢰성 제고가 가장 중요

그림 1-6   공유경제와 저렴한 가격 체계

공유경제에 대한 장점

↓

공유경제를 통하여 가격이 저렴해질 것을 기대

앞서 언급한 바와 같은 한국의 경우 블록체인관련 사업의 발전 양상에 따라 가상화폐의 경우 FATF(Financial Action Task Force)라는 기구에서 최종적으로 규제에 대한 권고방안으로부터 거래소와 암호화폐가 법적으로 유지될 수 있을 것으로 예상되고 있기도 하다. 앞서 언급한 공유경제는 이와 같은 블록체인 사업과 함께 4차 산업혁명 분야에서 두각을 나타낼 것으로 판단된다.

그림 1-7 공유경제의 지속 가능성

공유경제에 대한 의문점

↓

공유경제를 통한 지속 가능한 경제 행위

한편 이와 같은 경제의 발전 양상은 안정적인 세금의 징수와 이를 통한 공공서비스 분야 등에 대한 정부지출이 중요한데 공공서비스와 공공재화 등의 확충에 필요한 재원으로 확보와 지출로 인하여 각각 이전보다는 증가추세를 보이고 있다.

국제통화기금은 한국경제에 대하여 2020년부터 2024년까지 경제규모와 비교된 국가의 총계 재정수입부문이 줄어들 수 있다고 예상하고 있다. 이와 같은 대내외 경제의 어려움은 경제성장과 같은 경제의 활력을 되찾아 경제활동인구가 늘어나고 잠재성장률의 하향추세가 멈출 수 있도록 하는 경제주체들의 노력이 필요할 것으로 시장에서는 판단하고 있다.

따라서 현재와 같은 한국과 일본의 무역 이슈와 미국과 중국의 무역 분쟁에 따라서 수출에 대한 지원책이 이머징마켓을 비롯하여 세계 시장들에 따라 무역정책과 산업 등을 주요 시장으로 크게 나누고 있다.

한국 경제는 2019년 초순 들어 근원물가로 분류되는 석유류와 농산물에 대한 제외지수로 살펴보아도 소비자물가의 양상과 비슷하게 하향 안정화 추세를 나타내고 있다. 이와 같은 상황이 지속되면 경기불황과 함께 향후 디플레이션에 대한 우려가 생길 것으로 시장에서는 여겨지고 있다.

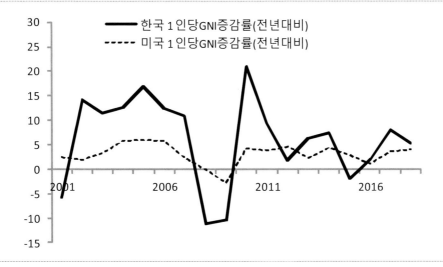

그림 1-8 한국 1인당GNI증감률(전년대비)과 미국 1인당GNI증감률(전년대비)

<그림 1-8>은 한국 1인당GNI증감률(전년대비)과 미국 1인당GNI증감률(전년대비)의 동향이다. 이와 같은 그림에서 한국 1인당GNI증감률(전년대비)과 미국 1인당GNI증감률(전년대비)은 모두 2001년부터 2018년까지의 연간 데이터이다.

한국 1인당GNI증감률(전년대비)과 미국 1인당GNI증감률(전년대비)의 단위는 모두 %이다. 그리고 이 데이터들은 한국은행(BANK OF KOREA)의 홈페이지에 나와 있는 경제통계시스템을 이용하여 얻은 것이다.

한국 1인당GNI증감률(전년대비)과 미국 1인당GNI증감률(전년대비)의 같은 기간 상관계수(correlation coefficient)가 0.71을 기록하여 비교적 높은 상관성을 지니고 있는 것을 알 수 있다. 이는 세계 경제와 금융시장의 동조화 현상으로 인하여 부(富)의 흐름도 밀접하게 흐르고 있음을 반영하고 있다.

여기서 1인당GNI는 명목(nominal) GNI에 대하여 하나의 국가 단위에서 인구수에 의하여 나눈 수치를 의미한다. 명목국민소득이라고 불리는 명목의 GNI는 국민총소득에 해당하는 것으로서 하나의 국가 단위에서 국민들이 국내외적으로 생산과정에서 필요로 하는 자산에 대하여 제공하는 대가에 받게 소득 및 하나의 국가 단위에서 국민들이 국내외적으로 생산(production)의 활동부문을 통하여 참가하여 받게 되는 소득에 대한 합계를 의미한다.

그림 1-9 한국 1인당GNI증감률(전년대비)과 유로지역 1인당GNI증감률(전년대비)

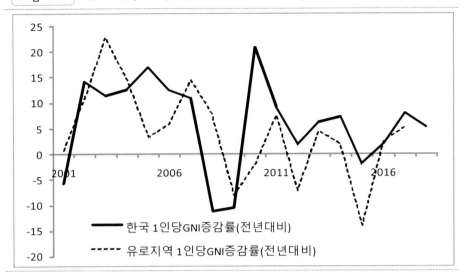

<그림 1-9>는 한국 1인당GNI증감률(전년대비)과 유로지역 1인당GNI증감률(전년대비)의 동향이다. 이와 같은 그림에서 한국 1인당GNI증감률(전년대비)과 유로지역 1인당GNI증감률(전년대비)은 각각 2001년부터 2018년까지와 2001년부터 2017년까지의 연간 데이터이다.

한국 1인당GNI증감률(전년대비)과 유로지역 1인당GNI증감률(전년대비)의 단위는 모두 %이다. 그리고 이 데이터들은 한국은행(BANK OF KOREA)의 홈페이지에 나와 있는 경제통계시스템을 이용하여 얻은 것이다.

한국 1인당GNI증감률(전년대비)과 유로지역 1인당GNI증감률(전년대비)의 같은 기간 상관계수가 0.43을 기록하고 있다. 이는 부(富)의 흐름이 한국과 유로지역보다는 한국과 미국의 흐름이 보다 상관성이 높을 것으로 판단된다.

제2절   경제 게임과 내쉬에 의한 균형이론

지역별 경제적인 발전을 살펴보면 동남아시아 지역의 발전이 최근 두드러지고 있다. 이들 지역에서는 정보통신을 이용한 공유경제 프로그램도 활성화되어 있고 물 자원을 비롯한 일부 천연자원도 풍부한 편이다.

표 1-8   동남아시아 지역의 공유경제의 발전과 정보통신

	특징적인 요소
동남아시아 지역의 공유경제의 발전과 정보통신	지역별 경제적인 발전을 살펴보면 동남아시아 지역의 발전이 최근 두드러지고 있다. 이들 지역에서는 정보통신을 이용한 공유경제 프로그램도 활성화되어 있고 물 자원을 비롯한 일부 천연자원도 풍부한 편이다.

그림 1-10   동남아시아 지역의 공유경제의 발전과 정보통신의 체계

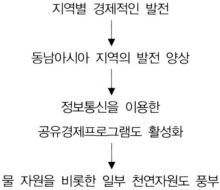

이와 같은 공유경제 프로그램은 미국을 비롯하여 활성화되고 있는데, 인구의 나이별로 살펴볼 때에는 중간층에 속하는 연령에서 많은 관심을 갖고 있는 것으로 알려져 있다. 이는 휴대폰을 이용하여 활성화되는 공유경제의 특성과 경제활동을 가장 왕성하게 하는 계층이 가장 이용과 공급을 집중할 수 있는 것으로 파악된다.

| 표 1-9 | 공유경제 활용의 핵심 계층 |

	특징적인 요소
공유경제 활용의 핵심 계층	공유경제 프로그램은 미국을 비롯하여 활성화되고 있는데, 인구의 나이별로 살펴볼 때에는 중간층에 속하는 연령에서 많은 관심을 갖고 있는 것으로 알려져 있다. 이는 휴대폰을 이용하여 활성화되는 공유경제의 특성과 경제활동을 가장 왕성하게 하는 계층이 가장 이용과 공급을 집중할 수 있는 것으로 파악된다.

| 그림 1-11 | 공유경제 활용의 핵심 계층에 대한 체계 |

공유경제 프로그램

↓

미국을 비롯하여 활성화

↓

인구의 나이별로 살펴볼 때에는
중간층에 속하는 연령에서 많은 관심

투자자가 이와 같은 공유경제를 포함하여 이익을 얻을 수 있는 구조로는 다음과 같다. 우선 금융 및 실물투자를 통하여 투자를 할 때 정보의 투명성을 통하여 정보의 대칭성 구조가 필요하다는 것이다. 이는 완전경쟁시장 모형과 일치되는 것으로 이는 마찰적인 비용이 발생되지 않아 시장의 효율화가 이루어진다는 것이다.

| 표 1-10 | 정보의 대칭성 구조와 완전경쟁시장 모형 |

	특징적인 요소
정보의 대칭성 구조와 완전경쟁시장 모형	투자자가 이와 같은 공유경제를 포함하여 이익을 얻을 수 있는 구조로는 다음과 같다. 우선 금융 및 실물투자를 통하여 투자를 할 때 정보의 투명성을 통하여 정보의 대칭성 구조가 필요하다는 것이다. 이는 완전경쟁시장 모형과 일치되는 것으로 이는 마찰적인 비용이 발생되지 않아 시장의 효율화가 이루어진다는 것이다.

그림 1-12 정보의 대칭성 구조와 완전경쟁시장 모형의 체계

투자자가 이와 같은 공유경제를 포함하여

이익을 얻을 수 있는 구조

↓

금융 및 실물투자를 통하여 투자를 할 때

정보의 투명성을 통하여 정보의 대칭성 구조가 필요

↓

완전경쟁시장 모형과 일치되는 것으로

이는 마찰적인 비용이 발생되지 않아

시장의 효율화가 이루어짐

이와 같이 이루어질 때 예측 가능한 경제 체제가 이룩되고 시장 경제 주체들은 합리적인 기대(rational expectation)하에서 투자를 통하여 이익을 얻을 수 있는 것이다. 주식으로 판단할 때에는 일반적으로 저 per(price earning ratio)주에 투자하여 불확실성(uncertainty)이 제거될 때 향후 고수익을 추구한다든지 재무제표를 통하여 합리적으로 판단해 나갈 수 있는 것이다.

표 1-11 예측 가능한 경제 체제와 투자의 불확실성

	특징적인 요소
예측 가능한 경제 체제와 투자의 불확실성	예측 가능한 경제 체제가 이룩되고 시장 경제 주체들은 합리적인 기대(rational expectation)하에서 투자를 통하여 이익을 얻을 수 있는 것이다. 주식으로 판단할 때에는 일반적으로 저 per(price earning ratio)주에 투자하여 불확실성(uncertainty)이 제거될 때 향후 고수익을 추구한다든지 재무제표를 통하여 합리적으로 판단해 나갈 수 있는 것이다.

그림 1-13　예측 가능한 경제 체제와 투자의 불확실성의 체계

예측 가능한 경제 체제

↓

시장 경제 주체들은 합리적인 기대(rational expectation)하에서
투자를 통하여 이익을 얻을 수 있는 것

일반적으로 투자와 관련하여서는 저 per(price earning ratio)주에 대한 기업의 성장부문에 대하여는 기대감도 적은 것이 사실이지만 투자의 관점에서 시장에서는 이익의 창출이 이루어진 저 per(price earning ratio)주에 대하여 주의를 기울일 필요성도 있다고 판단된다.

표 1-12　투자의 관점에서 시장에서의 이익 창출

	특징적인 요소
투자의 관점에서 시장에서의 이익 창출	투자와 관련하여서는 저 per(price earning ratio)주에 대한 기업의 성장부문에 대하여는 기대감도 적은 것이 사실이지만 투자의 관점에서 시장에서는 이익의 창출이 이루어진 저 per(price earning ratio)주에 대하여 주의를 기울일 필요성도 있다고 판단된다.

한편 경제학적으로는 재고(inventory)의 축적이 결국 회사의 이익에 부담요인이 되므로 이와 같은 지표는 회사나 국가의 경기변동(business cycle) 측면 모두에서 시장에서는 매우 중요하게 판단하는 지표 중에 하나이다.

그림 1-14　투자의 관점에서 시장에서의 이익 창출의 체계

투자의 관점

↓

저 per(price earning ratio)주에 대한 기업의 성장부문에 대하여는
기대감도 적은 것이 사실이지만
투자의 관점에서 시장에서는 이익의 창출이 이루어진
저 per(price earning ratio)주에 대하여 주의를 기울일 필요성 대두

| 표 1-13 | 재고(inventory)와 경기변동(business cycle) |

	특징적인 요소
재고(inventory)와 경기변동 (business cycle)	경제학적으로는 재고(inventory)의 축적이 결국 회사의 이익에 부담 요인이 되므로 이와 같은 지표는 회사나 국가의 경기변동(business cycle) 측면 모두에서 시장에서는 매우 중요하게 판단하는 지표 중에 하나이다.

| 그림 1-15 | 재고(inventory)와 경기변동(business cycle)의 체계 |

재고(inventory)의 축적

↓

회사의 이익에 부담요인이 되므로

이와 같은 지표는 회사나 국가의 경기변동(business cycle) 측면

모두에서 시장에서는 매우 중요하게 판단하는 지표 중에 하나임

증권시장에서는 1월이 되면 1월 효과(January effect)가 발생될 수 있다는 것이 정설인데, 다른 해에 비하여 2019년 1월에는 이와 같은 증권시장에서의 현상이 들어맞기도 하였다. 이는 1월 효과(January effect)로 인하여 주식시장에 긍정적인 효과가 나타나기도 한다는 것이다.

| 표 1-14 | 증권시장에서의 1월 효과(January effect) |

	특징적인 요소
증권시장에서의 1월 효과 (January effect)	증권시장에서는 1월이 되면 1월 효과(January effect)가 발생될 수 있다는 것이 정설인데, 다른 해에 비하여 2019년 1월에는 이와 같은 증권시장에서의 현상이 들어맞기도 하였다. 이는 1월 효과(January effect)로 인하여 주식시장에 긍정적인 효과가 나타나기도 한다는 것이다.

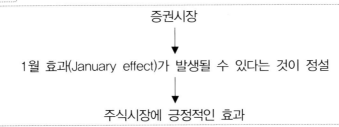

그림 1-16 증권시장에서의 1월 효과(January effect)의 체계

그림 1-16 증권시장에서의 1월 효과(January effect)의 체계

증권시장

↓

1월 효과(January effect)가 발생될 수 있다는 것이 정설

↓

주식시장에 긍정적인 효과

이와 같은 모든 경제 주체들의 행동은 내쉬에 의한 균형이론에서 인간들의 행태와 기업들에 있어서 독과점의 행태 등에 대한 분석에 활용되었다. 이는 인간들의 심리적인 행위와 선택 및 기업들의 이윤 추구 행위 등과 관련된 것이다.[3]

표 1-15 경제 게임과 내쉬에 의한 균형이론

	특징적인 요소
경제 게임과 내쉬에 의한 균형이론	모든 경제 주체들의 행동은 내쉬에 의한 균형이론에서 인간들의 행태와 기업들에 있어서 독과점의 행태 등에 대한 분석에 활용되었다. 이는 인간들의 심리적인 행위와 선택 및 기업들의 이윤 추구 행위 등과 관련된 것이다.

그림 1-17 경제 게임과 내쉬에 의한 균형이론의 체계

모든 경제 주체들의 행동

↓

내쉬에 의한 균형이론

↓

인간들의 행태와 기업들에 있어서
독과점의 행태 등에 대한 분석에 활용

<그림 1-18>은 한국 실업률(계절변동조정)과 미국 실업률(계절변동조정)의 동

---

3) Clare, A., and King, R. D.(2001), Knowledge Discovery in Multi-label Phenotype Data, In Proceedings of the 5th European Conference on Principles of Data Mining and Knowledge Discovery, Frieburg, Germany.

향이다. 이와 같은 그림에서 한국 실업률(계절변동조정)과 미국 실업률(계절변동조정)은 모두 2000년 1월부터 2019년 6월까지의 월별 데이터이다.

한국 실업률(계절변동조정)과 미국 실업률(계절변동조정)의 단위는 모두 %이다. 그리고 이 데이터들은 한국은행(BANK OF KOREA)의 홈페이지에 나와 있는 경제통계시스템을 이용하여 얻은 것이다.

한국 실업률(계절변동조정)과 미국 실업률(계절변동조정)의 같은 기간 상관계수가 −0.34을 기록하고 있다. 이에 따라 미국의 현재와 같은 저물가와 낮은 실업률 수준 경기호황을 한국은 잘 활용할 필요가 있다는 것이 시장에서의 판단이다.

그림 1-18　한국 실업률(계절변동조정)과 미국 실업률(계절변동조정)

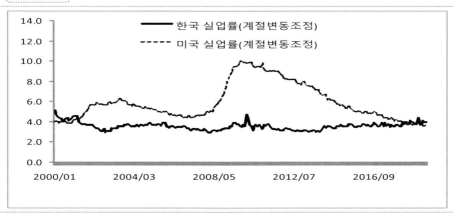

그림 1-19　한국 실업률(계절변동조정)과 일본 실업률(계절변동조정)

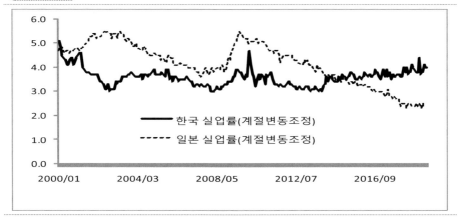

<그림 1-19>는 한국 실업률(계절변동조정)과 일본 실업률(계절변동조정)의 동향이다. 이와 같은 그림에서 한국 실업률(계절변동조정)과 일본 실업률(계절변동조정)은 각각 2000년 1월부터 2019년 6월과 2000년 1월부터 2019년 5월까지의 월별 데이터이다.

한국 실업률(계절변동조정)과 일본 실업률(계절변동조정)의 단위는 모두 %이다. 그리고 이 데이터들은 한국은행(BANK OF KOREA)의 홈페이지에 나와 있는 경제통계시스템을 이용하여 얻은 것이다.

한국 실업률(계절변동조정)과 일본 실업률(계절변동조정)의 같은 기간 상관계수가 −0.04를 기록하고 있다. 일본의 현재의 실업률 수준으로만 살펴보았을 때 경제상황이 나쁘지는 않은 것으로 판단된다.

그림 1-20   한국 실업률(계절변동조정)과 유로지역 실업률(계절변동조정)

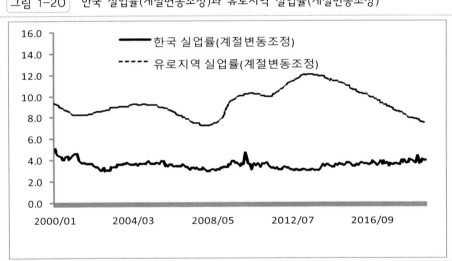

<그림 1-20>은 한국 실업률(계절변동조정)과 유로지역 실업률(계절변동조정)의 동향이다. 이와 같은 그림에서 한국 실업률(계절변동조정)과 유로지역 실업률(계절변동조정)은 각각 2000년 1월부터 2019년 6월과 2000년 1월부터 2019년 5월까지의 월별 데이터이다.

한국 실업률(계절변동조정)과 유로지역 실업률(계절변동조정)의 단위는 모두 %이다. 그리고 이 데이터들은 한국은행(BANK OF KOREA)의 홈페이지에 나와 있는

경제통계시스템을 이용하여 얻은 것이다.

한국 실업률(계절변동조정)과 유로지역 실업률(계절변동조정)의 같은 기간 상관계수가 −0.21을 기록하고 있다. 2019년 9월 초순 들어 유로지역을 살펴보면 제조업을 중심으로 하여 경제 상황이 좋지만은 않은 것으로 판단된다.

<그림 1−21>은 한국 실업률(계절변동조정)과 독일 실업률(계절변동조정)의 동향이다. 이와 같은 그림에서 한국 실업률(계절변동조정)과 독일 실업률(계절변동조정)은 각각 2000년 1월부터 2019년 6월과 2000년 1월부터 2019년 5월까지의 월별 데이터이다.

한국 실업률(계절변동조정)과 독일 실업률(계절변동조정)의 단위는 모두 %이다. 그리고 이 데이터들은 한국은행(BANK OF KOREA)의 홈페이지에 나와 있는 경제통계시스템을 이용하여 얻은 것이다.

한국 실업률(계절변동조정)과 독일 실업률(계절변동조정)의 같은 기간 상관계수가 0.01을 기록하고 있다. 앞서 살펴본 바와 같이 2019년 9월 초순 들어 독일 제조업의 상황이 좋지 않은 것으로 나타나고 있지만 2000년 1월부터 2019년 5월까지의 실업률은 나쁘지 않았음을 알 수 있다.

그림 1-21　한국 실업률(계절변동조정)과 독일 실업률(계절변동조정)

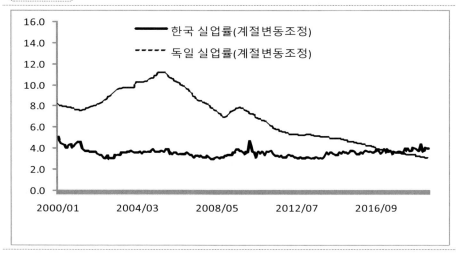

그림 1-22 한국 실업률(계절변동조정)과 대만 실업률(계절변동조정)

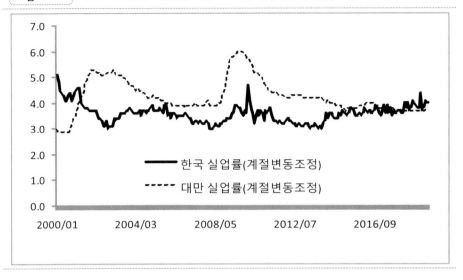

<그림 1-22>는 한국 실업률(계절변동조정)과 대만 실업률(계절변동조정)의 동향이다. 이와 같은 그림에서 한국 실업률(계절변동조정)과 대만 실업률(계절변동조정)은 각각 2000년 1월부터 2019년 6월과 2000년 1월부터 2019년 5월까지의 월별 데이터이다.

한국 실업률(계절변동조정)과 대만 실업률(계절변동조정)의 단위는 모두 %이다. 그리고 이 데이터들은 한국은행(BANK OF KOREA)의 홈페이지에 나와 있는 경제통계시스템을 이용하여 얻은 것이다.

한국 실업률(계절변동조정)과 대만 실업률(계절변동조정)의 같은 기간 상관계수가 -0.26을 기록하고 있다. 한편 한국은 2019년 초순 들어 가장 발전 가능성이 높은 아시아지역에서 특히 동남아시아 지역의 국가들 중에서 농촌지역에 대한 공동체개발의 프로젝트 지원을 확대하는 것과 같은 방안을 추진 중에 있다. 한편 동남아시아 지역은 휴대폰 이용의 발달을 잘 활용하여 4차 산업혁명과 연관되어 있는 공유경제도 잘 이루어지고 있는 것으로 알려지고 있다.

| 표 1-16 | 동남아시아 지역의 공유경제를 비롯한 경제상황 |

	특징적인 요소
동남아시아 지역의 공유경제를 비롯한 경제상황	동남아시아 지역의 국가들 중에서 농촌지역에 대한 공동체개발의 프로젝트 지원을 확대하는 것과 같은 방안을 추진 중에 있다. 한편 동남아시아 지역은 휴대폰 이용의 발달을 잘 활용하여 4차 산업혁명과 연관되어 있는 공유경제도 잘 이루어지고 있는 것으로 알려지고 있다.

| 그림 1-23 | 동남아시아 지역의 공유경제를 비롯한 경제상황의 체계 |

동남아시아 지역

↓

농촌지역에 대한 공동체개발의
프로젝트 지원을 확대하는 방안

↓

휴대폰 이용의 발달을 잘 활용하여
4차 산업혁명과 연관되어 있는 공유경제도
잘 이루어지고 있는 것으로 알려지고 있음

한편 4차 산업혁명과 관련하여 한국의 블록체인 사업은 2019년 9월 초순까지 혁신은 잘 이루어지고 있지만 서비스에 대한 확신 및 가치의 창출에 있어서는 보다 개선되어야 하는 것으로 지적되고 있다.

| 표 1-17 | 한국의 블록체인 사업과 서비스에 대한 확신 및 가치의 창출 |

	특징적인 요소
한국의 블록체인 사업과 서비스에 대한 확신 및 가치의 창출	4차 산업혁명과 관련하여 한국의 블록체인 사업은 2019년 9월 초순까지 혁신은 잘 이루어지고 있지만 서비스에 대한 확신 및 가치의 창출에 있어서는 보다 개선되어야 하는 것으로 지적되고 있다.

한국의 경우 2017년에는 소득세와 법인세가 부동산시장의 호황과 반도체시장

의 좋은 흐름을 기반으로 일반정부의 총수입이 증가한 바 있다. 이와 같이 국내 경기에 있어서 기업 및 부동산 등의 안정적인 흐름이 있어야 4차 산업혁명 분야에도 과감한 투자가 이어질 수 있을 것으로 판단된다.

그림 1-24 한국의 블록체인 사업과 서비스에 대한 확신 및 가치 창출의 관계

한국의 블록체인 사업

↓

혁신은 잘 이루어지고 있지만
서비스에 대한 확신 및 가치의 창출에 있어서는
보다 개선 필요

표 1-18 2017년 한국의 경우 소득세와 법인세 및 일반정부의 총수입

	특징적인 요소
2017년 한국의 경우 소득세와 법인세 및 일반정부의 총수입	한국의 경우 2017년에는 소득세와 법인세가 부동산시장의 호황과 반도체시장의 좋은 흐름을 기반으로 일반정부의 총수입이 증가한 바 있다. 이와 같이 국내 경기에 있어서 기업 및 부동산 등의 안정적인 흐름이 있어야 4차 산업혁명 분야에도 과감한 투자가 이어질 수 있을 것으로 판단된다.

그림 1-25 2017년 한국의 경우 소득세와 법인세 및 일반정부 총수입의 관계

2017년 한국의 경우

↓

소득세와 법인세가 부동산시장의 호황과 반도체시장의
좋은 흐름을 기반으로 일반정부의 총수입이 증가

2020년에 대한 아시아지역에 있어서 IMF로부터의 GDP대비로 한 중앙정부의 총수입(재정수입)의 비율이 예상 순위에서 한국은 다소 좋은 평가를 받지는 못한 것으로 알려져 있다. 이와 같은 GDP대비로 한 중앙정부의 총수입(재정수입)의 비율이 좋은 흐름이어야 차세대 동력산업에 대한 투자도 잘 이루어질 수 있을 것으로 기대된다.

표 1-19 2020년 한국경제에 대한 IMF로부터의 GDP대비 중앙정부의 총수입의 비율

	특징적인 요소
2020년 한국경제에 대한 IMF로부터의 GDP대비로 한 중앙정부의 총수입(재정수입)의 비율	2020년에 대한 아시아지역에 있어서 IMF로부터의 GDP대비로 한 중앙정부의 총수입(재정수입)의 비율이 예상 순위에서 한국은 다소 좋은 평가를 받지는 못한 것으로 알려져 있다. 이와 같은 GDP대비로 한 중앙정부의 총수입(재정수입)의 비율이 좋은 흐름이어야 차세대 동력산업에 대한 투자도 잘 이루어질 수 있을 것으로 기대된다.

그림 1-26 2020년 한국경제에 대한 IMF로부터의 GDP대비 중앙정부의 총수입의 비율

2020년에 대한 아시아지역에 있어서

IMF로부터의 GDP대비로 한

중앙정부의 총수입(재정수입)의 비율이

예상 순위

↓

한국은 다소 좋은 평가를

받지는 못한 것으로 알려져 있음

2019년 9월 초순 들어 북방과 새로운 남방지역에 대한 수출비중의 확대 전략은 한류로 인한 마케팅을 중심으로 해 취해 나갈 방침으로 알려져 있다. 이는 무역선에 대한 다변화 전략적 차원에서 추진하고 있는 것으로 시장에서는 판단하고 있다.

표 1-20 한류로 인한 마케팅 : 북방과 새로운 남방지역에 대한 수출비중의 확대 전략

	특징적인 요소
한류로 인한 마케팅 : 북방과 새로운 남방지역에 대한 수출비중의 확대 전략	북방과 새로운 남방지역에 대한 수출비중의 확대 전략은 한류로 인한 마케팅을 중심으로 해 취해 나갈 방침으로 알려져 있다. 이는 무역선에 대한 다변화 전략적 차원에서 추진하고 있는 것으로 시장에서는 판단하고 있다.

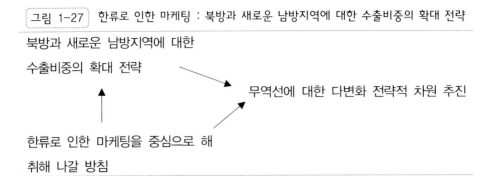

그림 1-27 한류로 인한 마케팅 : 북방과 새로운 남방지역에 대한 수출비중의 확대 전략

북방과 새로운 남방지역에 대한

수출비중의 확대 전략

무역선에 대한 다변화 전략적 차원 추진

한류로 인한 마케팅을 중심으로 해

취해 나갈 방침

　　최근 국내외 경기와 무역, 물가 등의 양상으로 살펴보았을 때 경기의 안정화 측면에서 중요한데 2018년의 경기흐름이 물가의 하향추세에 영향을 준 것으로 파악되며, 근원적인 물가추계를 통하여 살펴볼 경우에도 이와 같은 추세가 반영된 것을 알 수 있다. 경제의 두 축인 공공부문과 민간부문을 살펴보았을 때 민간부문의 성장이 지속되어야 함을 의미하고 있기도 하다.

표 1-21 2018년의 경기흐름과 근원적인 물가추계

	특징적인 요소
2018년의 경기흐름과 근원적인 물가추계	최근 국내외 경기와 무역, 물가 등의 양상으로 살펴보았을 때 경기의 안정화 측면에서 중요한데 2018년의 경기흐름이 물가의 하향추세에 영향을 준 것으로 파악되며, 근원적인 물가추계를 통하여 살펴볼 경우에도 이와 같은 추세가 반영된 것을 알 수 있다. 경제의 두 축인 공공부문과 민간부문을 살펴보았을 때 민간부문의 성장이 지속되어야 함을 의미하고 있기도 하다.

그림 1-28 2018년의 경기흐름과 근원적인 물가추계 및 민간부문의 성장

국내외 경기와 무역, 물가 등의

양상으로 살펴보았을 때

↓

2018년의 경기흐름이 물가의

하향추세에 영향을 준 것으로 파악

↓

근원적인 물가추계를 통하여 살펴볼 경우

↓

이와 같은 추세가 반영

↓

민간부문의 성장이 지속되어야 함을 의미

이는 일본의 사례에서와 같이 부동산가격의 급락과 일시적으로라도 경제가 음 (−)의 성장률을 보이지는 말아야 되기 때문이다. 국가적으로 투자는 건설투자와 설비투자로 진행이 되는데 미국을 중심으로 하는 세계 경기의 흐름이 2020년 이후 양호하지 않다는 예상을 할 경우에 있어서도 더욱 경제주체들이 주의를 하여야 한다는 것이 시장에서의 판단이다.

표 1-22 일본의 사례 : 부동산가격과 경제 성장률

	특징적인 요소
일본의 사례 : 부동산가격과 경제 성장률	일본의 사례에서와 같이 부동산가격의 급락과 일시적으로라도 경제가 음(−)의 성장률을 보이지는 말아야 되기 때문이다. 국가적으로 투자는 건설투자와 설비투자로 진행이 되는데 미국을 중심으로 하는 세계 경기의 흐름이 2020년 이후 양호하지 않다는 예상을 할 경우에 있어서도 더욱 경제주체들이 주의를 하여야 한다는 것이 시장에서의 판단이다.

그림 1-29 경제 성장 : 건설투자와 설비투자의 양호한 흐름의 중요성

일본의 사례

$\downarrow$

부동산가격의 급락과 일시적으로라도

경제가 음(−)의 성장률을 보이지는 말아야 함

연습문제 1

1. 금융자산(financial asset)과 실물자산의 투자에 대하여 설명하시오.

정답

	특징적인 요소
투자 : 금융자산 (financial asset)과 실물자산	투자자들이 벌어들인 소득은 저축과 소비로 직결이 된다. 즉 소득 중에서 소비하고 남은 나머지는 저축으로 인하여 향후 필요할 때 사용하려는 목적과 부의 축적의 수단 등으로 활용될 수 있는 것이다.
	투자에는 주식을 비롯한 금융자산(financial asset)에 대한 투자도 있고 부동산과 같은 실물자산에 대한 투자도 있다. 주식을 비롯한 금융자산에 대한 투자자의 투자는 기업의 활동자금으로 활용될 수 있는 것이다.

2. 불확실성과 게임(game)에 대하여 설명하시오.

정답

	특징적인 요소
불확실성과 게임(game)	기업들의 생산 활동과 미래를 위한 투자 등으로 이어진다. 하지만 불확실성이 이와 같은 투자에는 항상 의문시되는 것이다. 예를 들어 물가상승률이 얼마일지 또는 미국을 비롯한 세계 금융시장에서 통화금융정책은 어떤 방향으로 전개될지 등이 기업들이 항상 주의를 기울여야 하는 중요한 요소들이 되는 것이다.
	기업들이 행하는 모든 것들이 게임(game)이고 개인들이 투자하는 모든 것들도 게임과 직접적으로 연계되어 있다. 개인과 기업들의 상행위의 모든 협상(negotiation)의 과정과 타협 또한 게임과 연계되어 나아간다.
	불확실성에는 시간가치도 고려하여야 하는 중대한 판단도 있다. 그리고 세계화되어 있는 가운데 동조화 체제를 가지고 있는 세계 경제시장과 세계 금융시장도 고려되어야 한다.

3. 주택 경기의 안정화와 고령화에 대하여 설명하시오.

정답

	특징적인 요소
주택 경기의 안정화와 고령화	실물경제와 관련하여서는 세계적으로는 주택 경기가 긍정적인 추세를 보였지만 세계적인 고령화의 영향으로 향후 추세에 대하여는 신중론도 제기되고 있는 상황이다. 한국의 경우에 있어서도 이와 같은 고령화 문제에 대한 해결 방안이 적극적으로 강구되어야 부동산 경기의 안정적인 흐름이 향후에도 지속적으로 이어질 수 있을 것으로 판단된다.

4. 공유경제의 장점에 대하여 설명하시오.

정답

	특징적인 요소
공유경제의 장점	세계적인 공유경제의 시스템의 휴대폰에 의한 환경으로 인하여 더욱 가속화될 것으로 판단된다. 공유경제의 장점으로는 편리성과 신뢰성 구축, 공동체와 관련하여 구축이 원활하다는 것 등이다.

5. 미국을 비롯한 세계 금리 인하와 포트폴리오의 구성에 의한 분산 투자에 대하여 설명하시오.

정답

	특징적인 요소
미국을 비롯한 세계 금리 인하와 포트폴리오의 구성에 의한 분산 투자	지속가능한 세계 질서의 유지를 위해서는 각국마다 파레토 최적의 달성을 위한 재정적인 집행이 이루어져야 한다. 이는 국민들의 복지와 후생 수준의 극대화를 의미한다. 이와 같은 안정적인 경제의 흐름 위에서 개인들의 투자는 어떻게 이루어져야 할까?
	이는 전문가들의 지적에 따르면, 포트폴리오의 구성에 의한 분산 투자가 가장 효율적일 것으로 판단하고 있다. 특히 향후 당분간 경기 침체가 예상된다면 이전에 비하여 국내외에 금액 비중을 세분화하여 투자하는 것이 안정할 것으로 시장에서는 판단하고 있기도 한 상황이다.
	이와 같은 추세의 흐름으로 인하여 금융시장에서 변동성이 커질 수 있으므로 목표치의 상한보다는 평균을 중심으로 움직이는 모습을 잘 관찰하여 투자가 이루어져야 하는 것이다.
	여기에 금융시장의 데이터와 관련하여 국내외 거시경제변수를 비롯한 각종 데이터에 대한 상관관계의 분석도 도움이 될 것으로 파악된다. 그리고 경기 침체 시 미국을 중심으로 세계 금리인하의 움직임도 금융 및 실물자산에 대한 투자 시 적극 고려해야 하는 요인이다.

6. 환율의 움직임과 자산 가격 및 금융시장에 대하여 설명하시오.

정답

	특징적인 요소
환율의 움직임과 자산 가격 및 금융시장	세계 경제에 있어서는 환율의 움직임이 자산 가격 및 금융시장에 가장 큰 변수가 될 수도 있다. 이는 미국과 중국의 무역 분쟁에서도 알 수 있듯이 무역과 환율이 밀접하게 연계되어 있기 때문이기도 하다.

7. 공유경제의 발전 가능성과 보완점에 대하여 설명하시오.

정답

	특징적인 요소
공유경제의 발전 가능성과 보완점	시장에는 공유경제의 발전 가능성에 대하여 미국을 비롯한 다른 국가들의 사람들은 대체로 사용자와 공급자 사이에 신뢰성 제고가 가장 중요할 것으로 판단하고 있는 것으로 알려지고 있다. 그리고 시장에서는 공유경제에 대하여 장점으로 대체로 공유경제를 통하여 가격이 저렴해질 것을 기대하고 있다. 하지만 공유경제가 지속가능한 경제 행위에 속하는지에 대하여는 아직 의문점을 가지고 있는 사람들도 많은 것이 현실이다.

8. 동남아시아 지역의 공유경제의 발전과 정보통신에 대하여 설명하시오.

정답

	특징적인 요소
동남아시아 지역의 공유경제의 발전과 정보통신	지역별 경제적인 발전을 살펴보면 동남아시아 지역의 발전이 최근 두드러지고 있다. 이들 지역에서는 정보통신을 이용한 공유경제 프로그램도 활성화되어 있고 물 자원을 비롯한 일부 천연자원도 풍부한 편이다.

9. 공유경제 활용의 핵심 계층에 대하여 설명하시오.

정답

	특징적인 요소
공유경제 활용의 핵심 계층	공유경제 프로그램은 미국을 비롯하여 활성화되고 있는데, 인구의 나이별로 살펴볼 때에는 중간층에 속하는 연령에서 많은 관심을 갖고 있는 것으로 알려져 있다. 이는 휴대폰을 이용하여 활성화되는 공유경제의 특성과 경제활동을 가장 왕성하게 하는 계층이 가장 이용과 공급을 집중할 수 있는 것으로 파악된다.

10. 정보의 대칭성 구조와 완전경쟁시장 모형에 대하여 설명하시오.

정답

	특징적인 요소
정보의 대칭성 구조와 완전경쟁시장 모형	투자자가 이와 같은 공유경제를 포함하여 이익을 얻을 수 있는 구조로는 다음과 같다. 우선 금융 및 실물투자를 통하여 투자를 할 때 정보의 투명성을 통하여 정보의 대칭성 구조가 필요하다는 것이다. 이는 완전경쟁시장 모형과 일치되는 것으로 이는 마찰적인 비용이 발생되지 않아 시장의 효율화가 이루어진다는 것이다.

11. 예측 가능한 경제 체제와 투자의 불확실성에 대하여 설명하시오.

정답

	특징적인 요소
예측 가능한 경제 체제와 투자의 불확실성	예측 가능한 경제 체제가 이룩되고 시장 경제 주체들은 합리적인 기대(rational expectation)하에서 투자를 통하여 이익을 얻을 수 있는 것이다. 주식으로 판단할 때에는 일반적으로 저 per(price earning ratio)주에 투자하여 불확실성(uncertainty)이 제거될 때 향후 고수익을 추구한다든지 재무제표를 통하여 합리적으로 판단해 나갈 수 있는 것이다.

12. 투자의 관점에서 시장에서의 이익 창출에 대하여 설명하시오.

정답

	특징적인 요소
투자의 관점에서 시장에서의 이익 창출	투자와 관련하여서는 저 per(price earning ratio)주에 대한 기업의 성장부문에 대하여는 기대감도 적은 것이 사실이지만 투자의 관점에서 시장에서는 이익의 창출이 이루어진 저 per(price earning ratio)주에 대하여 주의를 기울일 필요성도 있다고 판단된다.

13. 재고(inventory)와 경기변동(business cycle)에 대하여 설명하시오.

정답

	특징적인 요소
재고(inventory)와 경기변동(business cycle)	경제학적으로는 재고(inventory)의 축적이 결국 회사의 이익에 부담요인이 되므로 이와 같은 지표는 회사나 국가의 경기변동(business cycle) 측면 모두에서 매우 중요하게 시장에서는 판단하는 지표 중에 하나이다.

14. 증권시장에서의 1월 효과(January effect)에 대하여 설명하시오.

정답

	특징적인 요소
증권시장에서의 1월 효과 (January effect)	증권시장에서는 1월이 되면 1월 효과(January effect)가 발생될 수 있다는 것이 정설인데, 다른 해에 비하여 2019년 1월에는 이와 같은 증권시장에서의 현상이 들어맞기도 하였다. 이는 1월 효과(January effect)로 인하여 주식시장에 긍정적인 효과가 나타나기도 한다는 것이다.

15. 경제 게임과 내쉬에 의한 균형이론에 대하여 설명하시오.

정답

	특징적인 요소
경제 게임과 내쉬에 의한 균형이론	모든 경제 주체들의 행동은 내쉬에 의한 균형이론에서 인간들의 행태와 기업들에 있어서 독과점의 행태 등에 대한 분석에 활용되었다. 이는 인간들의 심리적인 행위와 선택 및 기업들의 이윤 추구 행위 등과 관련된 것이다.

16. 동남아시아 지역의 공유경제를 비롯한 경제상황에 대하여 설명하시오.

정답

	특징적인 요소
동남아시아 지역의 공유경제를 비롯한 경제상황	동남아시아 지역의 국가들 중에서 농촌지역에 대한 공동체개발의 프로젝트 지원을 확대하는 것과 같은 방안을 추진 중에 있다. 한편 동남아시아 지역은 휴대폰 이용의 발달을 잘 활용하여 4차 산업혁명과 연관되어 있는 공유경제도 잘 이루어지고 있는 것으로 알려지고 있다.

17. 한국의 블록체인 사업과 서비스에 대한 확신 및 가치의 창출에 대하여 설명하시오.

정답

	특징적인 요소
한국의 블록체인 사업과 서비스에 대한 확신 및 가치의 창출	4차 산업혁명과 관련하여 한국의 블록체인 사업은 2019년 9월 초순까지 혁신은 잘 이루어지고 있지만 서비스에 대한 확신 및 가치의 창출에 있어서는 보다 개선되어야 하는 것으로 지적되고 있다.

18. 2017년 한국의 경우 소득세와 법인세 및 일반정부의 총수입에 대하여 설명하시오.

정답

	특징적인 요소
2017년 한국의 경우 소득세와 법인세 및 일반정부의 총수입	한국의 경우 2017년에는 소득세와 법인세가 부동산시장의 호황과 반도체시장의 좋은 흐름을 기반으로 일반정부의 총수입이 증가한 바 있다. 이와 같이 국내 경기에 있어서 기업 및 부동산 등의 안정적인 흐름이 있어야 4차 산업혁명 분야에도 과감한 투자가 이어질 수 있을 것으로 판단된다.

19. 2020년 한국경제에 대한 IMF로부터의 GDP대비 중앙정부의 총수입의 비율에 대하여 설명하시오.

정답

	특징적인 요소
2020년 한국경제에 대한 IMF로부터의 GDP대비로 한 중앙정부의 총수입(재정수입)의 비율	2020년에 대한 아시아지역에 있어서 IMF로부터의 GDP대비로 한 중앙정부의 총수입(재정수입)의 비율이 예상 순위에서 한국은 다소 좋은 평가를 받지는 못한 것으로 알려져 있다. 이와 같은 GDP대비로 한 중앙정부의 총수입(재정수입)의 비율이 좋은 흐름이어야 차세대 동력산업에 대한 투자도 잘 이루어질 수 있을 것으로 기대된다.

20. 북방과 새로운 남방지역에 대한 수출비중의 확대 전략에 대하여 한류로 인한 마케팅의 관점으로 하여 설명하시오.

정답

	특징적인 요소
한류로 인한 마케팅 : 북방과 새로운 남방지역에 대한 수출비중의 확대 전략	북방과 새로운 남방지역에 대한 수출비중의 확대 전략은 한류로 인한 마케팅을 중심으로 해 취해 나갈 방침으로 알려져 있다. 이는 무역선에 대한 다변화 전략적 차원에서 추진하고 있는 것으로 시장에서는 판단하고 있다.

21. 2018년의 경기흐름과 근원적인 물가추계에 대하여 설명하시오.

정답

	특징적인 요소
2018년의 경기흐름과 근원적인 물가추계	최근 국내외 경기와 무역, 물가 등의 양상으로 살펴보았을 때 경기의 안정화 측면에서 중요한데 2018년의 경기흐름이 물가의 하향추세에 영향을 준 것으로 파악되며, 근원적인 물가추계를 통하여 살펴볼 경우에도 이와 같은 추세가 반영된 것을 알 수 있다. 경제의 두 축인 공공부문과 민간부문을 살펴보았을 때 민간부문의 성장이 지속되어야 함을 의미하고 있기도 하다.

22. 부동산가격과 경제 성장률에 대하여 일본의 사례로 설명하시오.

정답

	특징적인 요소
일본의 사례 : 부동산가격과 경제 성장률	일본의 사례에서와 같이 부동산가격의 급락과 일시적으로라도 경제가 음(-)의 성장률을 보이지는 말아야 되기 때문이다. 국가적으로 투자는 건설투자와 설비투자로 진행이 되는데 미국을 중심으로 하는 세계 경기의 흐름이 2020년 이후 양호하지 않다는 예상을 할 경우에 있어서도 더욱 경제주체들이 주의를 하여야 한다는 것이 시장에서의 판단이다.

제2장

공유경제와 새로운
도시형 기술혁신, 세계 경제 체제

제1절 죄수의 고뇌게임으로 살펴본
      한·미·중·일의 무역 게임

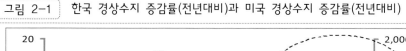

그림 2-1 한국 경상수지 증감률(전년대비)과 미국 경상수지 증감률(전년대비)

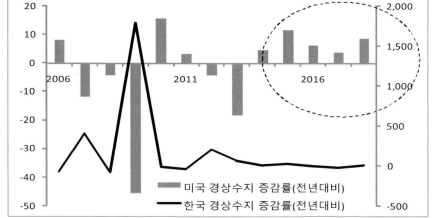

<그림 2−1>은 한국 경상수지 증감률(전년대비)과 미국 경상수지 증감률(전년대비)의 동향이다. 이와 같은 그림에서 한국 경상수지 증감률(전년대비)과 미국 경상수지 증감률(전년대비)은 각각 2006년부터 2018년까지의 연간 데이터이다.

한국 경상수지 증감률(전년대비)과 미국 경상수지 증감률(전년대비)의 단위는 모두 %이다. 그리고 이 데이터들은 한국은행(BANK OF KOREA)의 홈페이지에 나와 있는 경제통계시스템을 이용하여 얻은 것이다.

한국 경상수지 증감률(전년대비)과 미국 경상수지 증감률(전년대비)의 같은 기간 상관계수가 −0.87을 기록하고 있다. 미국의 경상수지는 증감률 기준으로 2014년 기준으로 이전과 달리 개선되어 양(+) 방향성을 지니고 있다.

한국의 경우 2020년 이후 미국 경제가 둔화될 것으로 예상되면 더욱 어려워질 것으로 시장에서는 판단하고 있는데, 재정지출 확대에 의한 정책은 장기적으로 효과가 있기는 어렵다는 일부 전문가들은 지적하고 있다.

따라서 이들은 기업에 대한 투자환경이 개선이 되고 규제가 완화되어야 한다고 주장을 하고 있다. 한편 다른 일부의 전문가들은 주택건축의 규제에 대한 완화와 건설투자의 확대를 검토해 보아야 한다고 지적하고 있기도 하다.

그림 2-2   한국 경상수지 증감률(전년대비)과 일본 경상수지 증감률(전년대비)

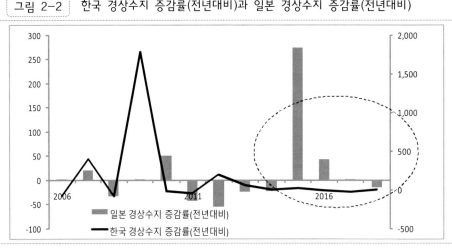

<그림 2−2>는 한국 경상수지 증감률(전년대비)과 일본 경상수지 증감률(전년대비)의 동향이다. 이와 같은 그림에서 한국 경상수지 증감률(전년대비)과 일본

경상수지 증감률(전년대비)은 각각 2006년부터 2018년까지의 연간 데이터이다.

한국 경상수지 증감률(전년대비)과 일본 경상수지 증감률(전년대비)의 단위는 모두 %이다. 그리고 이 데이터들은 한국은행(BANK OF KOREA)의 홈페이지에 나와 있는 경제통계시스템을 이용하여 얻은 것이다.

한국 경상수지 증감률(전년대비)과 일본 경상수지 증감률(전년대비)의 같은 기간 상관계수가 -0.05를 기록하고 있다. 한편 2019년 하반기 들어 미국의 투자은행 중에서는 한국과 일본의 무역 마찰과 관련된 이슈로 인하여 2019년 경상수지에 있어서 좋지 않은 영향을 미칠 것으로 예상된다고 주장하였다. 이는 특히 반도체와 관련하여 의존도가 높은 한국경제에 대한 영향 분석이다.

그림 2-3　한국 경상수지 증감률(전년대비)과 중국 경상수지 증감률(전년대비)

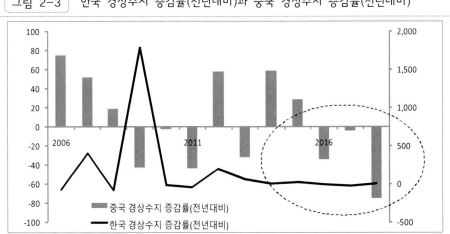

<그림 2-3>은 한국 경상수지 증감률(전년대비)과 중국 경상수지 증감률(전년대비)의 동향이다. 이와 같은 그림에서 한국 경상수지 증감률(전년대비)과 중국 경상수지 증감률(전년대비)은 각각 2006년부터 2018년까지의 연간 데이터이다.

한국 경상수지 증감률(전년대비)과 중국 경상수지 증감률(전년대비)의 단위는 모두 %이다. 그리고 이 데이터들은 한국은행(BANK OF KOREA)의 홈페이지에 나와 있는 경제통계시스템을 이용하여 얻은 것이다.

한국 경상수지 증감률(전년대비)과 중국 경상수지 증감률(전년대비)의 같은 기간 상관계수가 -0.21을 기록하고 있다. 한국의 경상수지가 2019년 7월 들어 투자소

득의 증가로 인하여 개선된 것으로 시장에 알려졌다. 미국과 중국의 무역 분쟁에 따른 영향을 비롯하여 대외 경기가 좋지 않은 상황에서 경상수지의 좋은 흐름이 이어져야 한국의 경제 안정화에 도움이 될 것으로 판단된다.

<그림 2-4>는 한국 경상수지 증감률(전년대비)과 유로지역 경상수지 증감률(전년대비)의 동향이다. 이와 같은 그림에서 한국 경상수지 증감률(전년대비)과 유로지역 경상수지 증감률(전년대비)은 각각 2006년부터 2018년까지의 연간 데이터이다.

한국 경상수지 증감률(전년대비)과 유로지역 경상수지 증감률(전년대비)의 단위는 모두 %이다. 그리고 이 데이터들은 한국은행(BANK OF KOREA)의 홈페이지에 나와 있는 경제통계시스템을 이용하여 얻은 것이다.

한국 경상수지 증감률(전년대비)과 유로지역 경상수지 증감률(전년대비)의 같은 기간 상관계수가 -0.05를 기록하고 있다. 2016년 이후 유로지역의 경상수지 증감률이 음(-)의 수치를 기록하고 있는 것을 알 수 있다.

<그림 2-5>는 한국 경상수지 증감률(전년대비)과 독일 경상수지 증감률(전년대비)의 동향이다. 이와 같은 그림에서 한국 경상수지 증감률(전년대비)과 독일 경상수지 증감률(전년대비)은 각각 2006년부터 2018년까지의 연간 데이터이다.

한국 경상수지 증감률(전년대비)과 독일 경상수지 증감률(전년대비)의 단위는 모두 %이다. 그리고 이 데이터들은 한국은행(BANK OF KOREA)의 홈페이지에 나와 있는 경제통계시스템을 이용하여 얻은 것이다.

한국 경상수지 증감률(전년대비)과 독일 경상수지 증감률(전년대비)의 같은 기간 상관계수가 -0.15를 기록하고 있다. 독일의 2018년 경상수지 증감률이 음(-)의 수치를 나타낸 것으로 파악되었다.

그림 2-4 한국 경상수지 증감률(전년대비)과 유로지역 경상수지 증감률(전년대비)

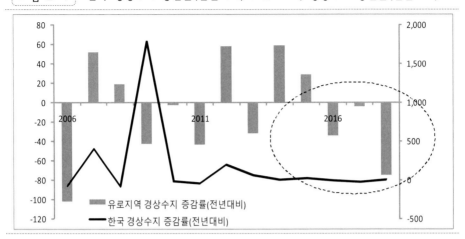

그림 2-5 한국 경상수지 증감률(전년대비)과 독일 경상수지 증감률(전년대비)

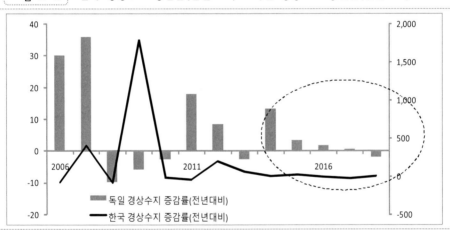

　　세계 최대의 아마존그룹의 회장도 80세까지 개인적인 인생 플랜(life plan)을 잘 설계해 나가고 있는 것으로 알려져 있다. 따라서 현재의 세계적인 부(富)의 흐름과 개개인들의 삶에 있어서의 투자 방향성 및 부채 등 전반적인 재무인생 설계가 억만장자와 같은 반열에 오르는 데에 있어서 매우 필수적인 요소 중에 하나로 판단된다.

표 2-1 80세까지의 개인적인 인생 플랜(life plan)의 중요성

	특징적인 요소
80세까지의 개인적인 인생 플랜(life plan)의 중요성	세계 최대의 아마존그룹의 회장도 80세까지 개인적인 인생 플랜(life plan)을 잘 설계해 나가고 있는 것으로 알려져 있다. 따라서 현재의 세계적인 부(富)의 흐름과 개개인들의 삶에 있어서의 투자 방향성 및 부채 등 전반적인 재무인생 설계가 억만장자와 같은 반열에 오르는 데에 있어서 매우 필수적인 요소 중에 하나로 판단된다.

그림 2-6   80세까지의 개인적인 인생 플랜(life plan) 중요성의 체계

세계 최대의 아마존그룹의 회장

↓

80세까지 개인적인 인생 플랜(life plan) 설계

↓

현재의 세계적인 부(富)의 흐름과 개개인들의
삶에 있어서의 투자 방향성 및 부채 등
전반적인 재무인생 설계가 중요

게임의 경우 가장 잘 알려진 죄수들에 대한 고뇌게임이 있다. 여기서는 수감 기간과 관련하여 본인들의 최선의 선택을 취하게 되는데, 당연히 이들은 수감시간에 대하여 최소화를 추구하는 것이다.[4]

흔히 이 게임에는 사람이 2명 존재하고, 각각은 개별적인 환경에 놓여 있는 상태에서 면담이 이루어지는 것을 기본으로 한다. 이는 2명에서 다른 사람의 전략을 알 수 없다는 것이다.

따라서 개별적인 판단에 의하여 범죄에 대하여 거부하거나 고백을 하게 되는 환경에 놓이게 된다. 여기서 지배적으로 취할 수 있는 전략적인 선택은 무엇일지와 관련하여 각각의 죄수들은 고뇌하게 된다는 것이다. 즉 최선의 결과는 서로에게 있어서 상대방을 신뢰한 가운데 발생할 수 있지만 결국 상대방의 행위와 결과

---

4) Doquire, G. and Verleysen, M.(2011), Feature Selection for Multi−label Classification Problems, In Proceedings of the 11th Conference on Artificial Neural Networks on Adventures in Computational Intelligence, Spain.

에 대하여 결코 신뢰할 수 없다는 데에서 죄인들의 딜레마(고뇌)가 발생한다는 것이다. 이는 현재 진행되고 있는 미국과 중국 간의 그리고 한국과 일본 간의 무역 관련 분쟁과 마찰에서도 확연히 드러나고 있다. 따라서 국제간이든지 개인 간에 있어서 부의 축적과 투자 및 모든 경제적인 활동이 서로 상대방에 대한 확고한 믿음이 뒷받침되어야 한다는 것을 실무적으로 알 수 있는 것이다.

표 2-2	죄인들의 딜레마(고뇌)와 미국과 중국 및 한국과 일본 간의 무역관련 분쟁	
	특징적인 요소
죄인들의 딜레마(고뇌)와 미국과 중국, 한국과 일본 간의 무역관련 분쟁	게임의 경우 가장 잘 알려진 죄수들에 대한 고뇌게임이 있다. 여기서는 수감기간과 관련하여 본인들의 최선의 선택을 취하게 되는데, 당연히 이들은 수감시간에 대하여 최소화를 추구하는 것이다.
	흔히 이 게임에는 사람이 2명 존재하고, 각각은 개별적인 환경에 놓여 있는 상태에서 면담이 이루어지는 것을 기본으로 한다. 이는 2명에서 다른 사람의 전략을 알 수 없다는 것이다.
	따라서 개별적인 판단에 의하여 범죄에 대하여 거부하거나 고백을 하게 되는 환경에 놓이게 된다. 여기서 지배적으로 취할 수 있는 전략적인 선택은 무엇일지와 관련하여 각각의 죄수들은 고뇌하게 된다는 것이다.
	즉 최선의 결과는 서로에게 있어서 상대방을 신뢰한 가운데 발생할 수 있지만 결국 상대방의 행위와 결과에 대하여 결코 신뢰할 수 없다는 데에서 죄인들의 딜레마(고뇌)가 발생한다는 것이다.
	이는 현재 진행되고 있는 미국과 중국 간의 그리고 한국과 일본 간의 무역관련 분쟁과 마찰에서도 확연히 드러나고 있다. 따라서 국제간이든지 개인 간에 있어서 부의 축적과 투자 및 모든 경제적인 활동이 서로 상대방에 대한 확고한 믿음이 뒷받침되어야 한다는 것을 실무적으로 알 수 있는 것이다.

그림 2-7 죄수들에 대한 고뇌게임의 체계

게임의 경우

↓

죄수들에 대한 고뇌게임

↓

수감기간과 관련하여 본인들의 최선의 선택

↓

수감시간에 대하여 최소화를 추구

그림 2-8 죄수들에 대한 고뇌게임의 전개과정

죄수들에 대한 고뇌게임

↓

게임 : 사람 2명 존재

↓

개별적인 환경에 놓에 있는 상태에서 면담

↓

2명에서 다른 사람의 전략을 알 수 없음

그림 2-9 죄수들에 대한 고뇌게임의 배경

죄수들에 대한 고뇌게임의 전개과정

↓

개별적인 판단에 의하여 범죄에 대하여
거부하거나 고백을 하게 되는 환경

↓

지배적으로 취할 수 있는 전략적인 선택은
무엇일지와 관련하여
각각의 죄수들은 고뇌

그림 2-10 죄수들에 대한 고뇌게임 최선의 결과

죄수들에 대한 고뇌게임 최선의 결과

↓

서로에게 있어서 상대방을 신뢰한 가운데 발생

↓

상대방의 행위와 결과에 대하여
결코 신뢰할 수 없다는 데에서
죄인들의 딜레마(고뇌)가 발생

그림 2-11 죄수들에 대한 고뇌게임의 반영과 한·미·중·일의 무역 분쟁

죄수들에 대한 고뇌게임 반영

↓

미국과 중국 간,
한국과 일본 간의 무역관련 분쟁과 마찰

↓

국제간이든지 개인 간에 있어서 부의 축적과
투자 및 모든 경제적인 활동이 서로 상대방에
확고한 믿음의 중요성

제2절   공유경제와 새로운 도시형 기술혁신 및
경제 발전의 관계

국제적으로 부(富)의 비중은 미국을 중심으로 유럽이 상당 부분 차지하고 있는 것으로 알려지고 있다. 반면에서 인구는 중국을 비롯한 아시아지역 등이 상당부분 차지하고 있는 것으로 파악되고 있다.5)

---

5) Dunbar, R.(2004), The Human Story(Faber and Faber, London).

표 2-3	국제적인 부(富)와 인구의 비중

	특징적인 요소
국제적인 부(富)와 인구의 비중	국제적으로 부(富)의 비중은 미국을 중심으로 유럽이 상당 부분 차지하고 있는 것으로 알려지고 있다. 반면에서 인구는 중국을 비롯한 아시아지역 등이 상당부분 차지하고 있는 것으로 파악되고 있다.

그림 2-12	국제적인 부(富)의 체계

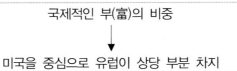

국제적인 부(富)의 비중

↓

미국을 중심으로 유럽이 상당 부분 차지

그림 2-13	국제적인 인구 비중의 체계

인구

↓

중국을 비롯한 아시아지역 등이 상당부분 차지

중국과 인도의 경우 인구수도 세계에서 가장 많은 편에 속하고 자산가치의 비중도 세계에서 이전보다 높은 수준으로 향하고 있다. 하지만 인도의 경우에 있어서도 자국 내의 빈부 격차의 해소와 같은 이슈가 아직 남아 있기도 하다. 어쨌든 시장에서는 향후 경제발전 속도로 볼 때 인도경제가 향후 상당히 약진해 나갈 것으로 파악하고 있다.

표 2-4	중국과 인도의 경제발전과 자산가치의 비중

	특징적인 요소
중국과 인도의 경제발전과 자산가치의 비중	중국과 인도의 경우 인구수도 세계에서 가장 많은 편에 속하고 자산가치의 비중도 세계에서 이전보다 높은 수준으로 향하고 있다. 하지만 인도의 경우에 있어서도 자국 내의 빈부 격차의 해소와 같은 이슈가 아직 남아 있기도 하다. 어쨌든 시장에서는 향후 경제발전 속도로 볼 때 인도경제가 향후 상당히 약진해 나갈 것으로 파악하고 있다.

그림 2-14 중국과 인도의 경제발전과 자산가치의 비중

중국과 인도의 경우

↓

인구수도 세계에서 가장 많은 편에 속하고

자산가치의 비중도 세계에서 이전보다

높은 수준으로 향하고 있음

2019년 초순 들어 이와 같이 아시아지역이 주목을 받고 있는 가운데 앞서 지적한 동남아시아지역에서 공유경제의 발전 양상이 다른 지역에 비하여 유독 주목을 받고 있는 상황이다.

표 2-5   동남아시아지역에서 공유경제의 발전 양상

	특징적인 요소
동남아시아지역에서 공유경제의 발전 양상	2019년 초순 들어 이와 같이 아시아지역이 주목을 받고 있는 가운데 앞서 지적한 동남아시아지역에서 공유경제의 발전 양상이 다른 지역에 비하여 유독 주목을 받고 있는 상황이다.

그림 2-15   인도의 경제발전 양상

인도의 경우

↓

자국 내의 빈부 격차의 해소와 같은

이슈가 아직 남아 있기도 함

↓

시장에서는 향후 경제발전 속도로 볼 때

인도경제가 향후 상당히 약진해

나갈 것으로 파악

그림 2-16   동남아시아지역에서 공유경제의 발전 양상 체계

동남아시아지역

↓

공유경제의 발전 양상

공유경제의 강점은 개개인 소유보다는 시설과 제조와 관련하여 효과적인 공유경제 체제를 실현하는 것이다. 이것이 공유경제의 강점이며 정의이기도 하다. 이는 전통적인 경제체제보다는 새로운 실험적인 방법이기도 하다.

표 2-6   공유경제의 강점과 정의

	특징적인 요소
공유경제의 강점과 정의	공유경제의 강점은 개개인 소유보다는 시설과 제조와 관련하여 효과적인 공유경제 체제를 실현하는 것이다. 이것이 공유경제의 강점이며 정의이기도 하다. 이는 전통적인 경제체제보다는 새로운 실험적인 방법이기도 하다.

개개인들에 의한 경제체제보다 시설과 제조와 관련된 장비를 공유함으로써 과잉시설을 방지할 수 있어서 국가적인 시스템에 효율성을 제고할 수 있다는 장점을 주게 된다. 이것이 비용을 줄여주어 지속가능한 제조업을 창출해 나갈 수 있는 사업의 모형인지 잘 검토할 필요성이 있다는 측면이다.

그림 2-17   공유경제의 강점과 정의 체계

공유경제의 강점

↓

개개인 소유보다는 시설과 제조와 관련하여
효과적인 공유경제 체제 실현

↑

공유경제의 강점이며 정의

	특징적인 요소
공유경제와 비용의 관계	개개인들에 의한 경제체제보다 시설과 제조와 관련된 장비를 공유함으로써 과잉시설을 방지할 수 있어서 국가적인 시스템에 효율성을 제고할 수 있다는 장점을 주게 된다. 이것이 비용을 줄여주어 지속 가능한 제조업을 창출해 나갈 수 있는 사업의 모형인지 잘 검토할 필요성이 있다.

표 2-7 공유경제와 비용의 관계

그림 2-18 공유경제와 비용 및 규모의 경제의 연계성

개개인들에 의한 경제체제보다
시설과 제조와 관련된 장비를 공유

↓

과잉 시설 방지

↓

국가적인 시스템에 있어서
효율성 제고의 장점

↓

비용의 저감 효과

↓

지속 가능한 제조업을 창출해
나갈 수 있는 사업의 모형

그림 2-19 장기평균비용곡선과 공유경제의 관계

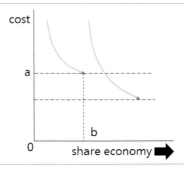

<그림 2-19>에는 장기평균비용곡선과 공유경제의 관계가 나타나 있다. 여기에 있어서는 공유경제의 확대에 따라 그 정도가 b까지 이르렀을 때 비용에 의한 저감 효과가 a까지 이르게 되어 지속 가능한 제조업을 창출해 나갈 수 있는 사업의 모형과 연계된다는 것을 의미한다.

그리고 국가적인 시스템으로 볼 때 제조업뿐 아니라 유통 및 물류체계에도 공유경제 체제가 효과적일 수도 있다는 것이다. 이는 국가적인 시스템에서 재정집행을 효율적으로 할 수 있고 환경적으로도 효율화를 가져올 수 있고 유리하게 될 수 있다는 것이다.

표 2-8 공유경제와 제조업과 유통 및 물류의 재정 및 환경적 효율성

	특징적인 요소
공유경제와 제조업과 유통 및 물류의 재정 및 환경적 효율성	국가적인 시스템으로 볼 때 제조업뿐 아니라 유통 및 물류체계에도 공유경제 체제가 효과적일 수도 있다는 것이다. 이는 국가적인 시스템에서 재정집행을 효율적으로 할 수 있고 환경적으로도 효율화를 가져올 수 있고 유리하게 될 수 있다는 것이다.

그림 2-20 공유경제와 제조업과 유통 및 물류의 재정 및 환경적 효율성의 체계

국가적인 시스템

↓

제조업뿐 아니라 유통 및 물류체계에도
공유경제 체제가 효과적

↓

재정집행을 효율적으로 할 수 있고
환경적으로도 효율화를 가져올 수 있음

이는 자본주의 시장경제체제에서 기술개발과 관련된 특허권 및 지적재산권의 중요성이 대두되었지만, 이와 같은 측면이 공유경제에 있어서는 국가적인 효율화 시스템에서 다시 생각해 볼 수 있는 측면이 대두되는 혁신적인 분야들이 적용된다는 것이다.

| 표 2-9 | 특허권과 지적재산권, 공유경제 체제 |

	특징적인 요소
특허권과 지적재산권, 공유경제 체제	자본주의 시장경제체제에서 기술개발과 관련된 특허권 및 지적재산권의 중요성이 대두되었지만, 이와 같은 측면이 공유경제에 있어서는 국가적인 효율화시스템에서 다시 생각해 볼 수 있는 측면이 대두되는 혁신적인 분야들이 적용된다는 것이다.

| 그림 2-21 | 자본주의 시장경제체제와 특허권 및 지적재산권 |

자본주의 시장경제체제

↓

기술개발과 관련된 특허권,

지적재산관의 중요

| 그림 2-22 | 공유경제에 있어서의 공유 가치 |

공유경제

↓

국가적인 효율화 시스템에서

공유 가치의 극대화 필요성 대두

소프트웨어적인 기술개발과 관련된 특허권 및 지적재산권을 비롯하여 공장시설까지 그리고 모든 산업의 모든 업종으로까지 확대하여 적용시켜볼 수 있는 것이 공유경제 체제이기도 하다.

| 표 2-10 | 공유경제 체제와 공장시설 및 모든 산업에 대한 적용 가능성 |

	특징적인 요소
공유경제 체제와 공장시설 및 모든 산업에 대한 적용 가능성	소프트웨어적인 기술개발과 관련된 특허권 및 지적재산권을 비롯하여 공장시설까지 그리고 모든 산업의 모든 업종으로까지 확대하여 적용시켜볼 수 있는 것이 공유경제 체제이기도 하다.

그림 2-23 공유경제 체제와 공장시설 및 모든 산업에 대한 적용 가능성의 관계

공유경제 체제

↓

공장시설까지 그리고 모든 사업의
모든 업종으로까지 확대하여 적용

시대의 조류에 맞게 환경에 친화성이 높은 것이 공유경제이며, 소비자들에게 값싼 제품을 공급할 수 있는 유리성도 동시에 갖고 있으며 도시 생태계를 환경친화성이 높은 새로운 U−시티(U−City)의 개념으로 발전시켜 나갈 수 있는 지속가능한 도시 형태로 가져가게 될 수 있다는 측면이다.

표 2-11 공유경제와 환경친화성인 U−시티(U−City)의 개념

	특징적인 요소
공유경제와 환경친화성인 U−시티(U−City)의 개념	시대의 조류에 맞게 환경에 친화성이 높은 것이 공유경제이며, 소비자들에게 값싼 제품을 공급할 수 있는 유리성도 동시에 갖고 있으며 도시 생태계를 환경친화성이 높은 새로운 U−시티(U−City)의 개념으로 발전시켜 나갈 수 있는 지속가능한 도시 형태로 가져가게 될 수 있다는 측면이다.

그림 2-24 공유경제와 환경친화성 및 가격 인하 효과의 체계

공유경제 체제의 시대 조류

↓

환경 친화성이 높은 특징

↓

소비자들에게 값싼 제품을
공급할 수 있는 유리성

자전거 사용의 촉진과 같은 화석연료 사용의 감소와 함께 새로운 도시형 디지털에 의한 플랫폼이 형성되어 나갈 수 있다는 의미이다. 이는 미국을 비롯하여 다른 국가들에서도 성공 가능성이 보이고 있으며 미국의 경우 몇몇 주에서 혁신성

이 유통 및 물류 체계부터 시작하여 정착될 수도 있는 시스템으로 연결되고 있는 상황이다. 이와 같은 공유경제체제는 새로운 도시형 기술적인 혁신의 공동체를 제공해줄 수도 있다고 판단된다.

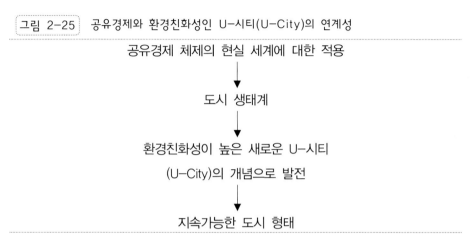

그림 2-25   공유경제와 환경친화성인 U-시티(U-City)의 연계성

공유경제 체제의 현실 세계에 대한 적용

↓

도시 생태계

↓

환경친화성이 높은 새로운 U-시티
(U-City)의 개념으로 발전

↓

지속가능한 도시 형태

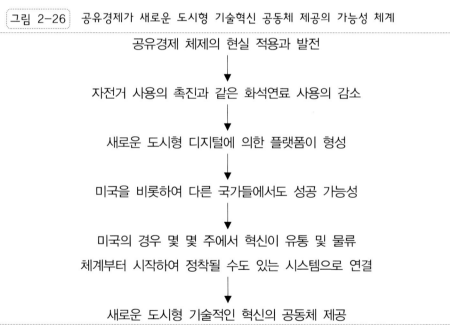

그림 2-26   공유경제가 새로운 도시형 기술혁신 공동체 제공의 가능성 체계

공유경제 체제의 현실 적용과 발전

↓

자전거 사용의 촉진과 같은 화석연료 사용의 감소

↓

새로운 도시형 디지털에 의한 플랫폼이 형성

↓

미국을 비롯하여 다른 국가들에서도 성공 가능성

↓

미국의 경우 몇 몇 주에서 혁신이 유통 및 물류
체계부터 시작하여 정착될 수도 있는 시스템으로 연결

↓

새로운 도시형 기술적인 혁신의 공동체 제공

| 표 2-12 | 미국을 중심으로 공유경제가 새로운 도시형 기술혁신의 공동체 제공의 가능성 |

	특징적인 요소
미국을 중심으로 공유경제체제가 새로운 도시형 기술적인 혁신의 공동체 제공의 가능성	자전거 사용의 촉진과 같은 화석연료 사용의 감소와 함께 새로운 도시형 디지털에 의한 플랫폼이 형성되어 나갈 수 있다는 의미이다. 이는 미국을 비롯하여 다른 국가들에서도 성공 가능성이 보이고 있으며 미국의 경우 몇 몇 주에서 혁신성이 유통 및 물류 체계부터 시작하여 정착될 수도 있는 시스템으로 연결되고 있는 상황이다. 이와 같은 공유경제체제는 새로운 도시형 기술적인 혁신의 공동체를 제공해줄 수도 있다고 판단된다.

1. 80세까지의 개인적인 인생 플랜(life plan)의 중요성에 대하여 설명하시오.

정답

	특징적인 요소
80세까지의 개인적인 인생 플랜(life plan)의 중요성	세계 최대의 아마존그룹의 회장도 80세까지 개인적인 인생 플랜(life plan)을 잘 설계해 나가고 있는 것으로 알려져 있다. 따라서 현재의 세계적인 부(富)의 흐름과 개개인들의 삶에 있어서의 투자 방향성 및 부채 등 전반적인 재무 인생 설계가 억만장자와 같은 반열에 오르는 데에 있어서 매우 필수적인 요소 중에 하나로 판단된다.

2. 죄인들의 딜레마(고뇌)와 미국과 중국 및 한국과 일본 간의 무역관련 분쟁에 대하여 설명하시오.

정답

	특징적인 요소
죄인들의 딜레마(고뇌)와 미국과 중국, 한국과 일본 간의 무역관련 분쟁	게임의 경우 가장 잘 알려진 죄수들에 대한 고뇌게임이 있다. 여기서는 수감 기간과 관련하여 본인들의 최선의 선택을 취하게 되는데, 당연히 이들은 수감 시간에 대하여 최소화를 추구하는 것이다.
	흔히 이 게임에는 사람이 2명 존재하고, 각각은 개별적인 환경에 놓여 있는 상태에서 면담이 이루어지는 것을 기본으로 한다. 이는 2명에서 다른 사람의 전략을 알 수 없다는 것이다.
	따라서 개별적인 판단에 의하여 범죄에 대하여 거부하거나 고백을 하게 되는 환경에 놓이게 된다. 여기서 지배적으로 취할 수 있는 전략적인 선택은 무엇일지와 관련하여 각각의 죄수들은 고뇌하게 된다는 것이다.
	즉 최선의 결과는 서로에게 있어서 상대방을 신뢰한 가운데 발생할 수 있지만 결국 상대방의 행위와 결과에 대하여 결코 신뢰할 수 없다는 데에서 죄인들의 딜레마(고뇌)가 발생한다는 것이다.

이는 현재 진행되고 있는 미국과 중국 간의 그리고 한국과 일본 간의 무역관련 분쟁과 마찰에서도 확연히 드러나고 있다. 따라서 국제간이든지 개인 간에 있어서 부의 축적과 투자 및 모든 경제적인 활동이 서로 상대방에 대한 확고한 믿음이 뒷받침되어야 한다는 것을 실무적으로 알 수 있는 것이다.

3. 국제적인 부(富)와 인구의 비중에 대하여 설명하시오.

정답

	특징적인 요소
국제적인 부(富)와 인구의 비중	국제적으로 부(富)의 비중은 미국을 중심으로 유럽이 상당 부분 차지하고 있는 것으로 알려지고 있다. 반면에서 인구는 중국을 비롯한 아시아지역 등이 상당부분 차지하고 있는 것으로 파악되고 있다.

4. 중국과 인도의 경제발전과 자산가치의 비중에 대하여 설명하시오.

정답

	특징적인 요소
중국과 인도의 경제발전과 자산가치의 비중	중국과 인도의 경우 인구수도 세계에서 가장 많은 편에 속하고 자산가치의 비중도 세계에서 이전보다 높은 수준으로 향하고 있다. 하지만 인도의 경우에 있어서도 자국 내의 빈부 격차의 해소와 같은 이슈가 아직 남아 있기도 하다. 어쨌든 시장에서는 향후 경제발전 속도로 볼 때 인도경제가 향후 상당히 약진해 나갈 것으로 파악하고 있다.

5. 동남아시아지역에서 공유경제의 발전 양상에 대하여 설명하시오.

정답

	특징적인 요소
동남아시아지역에서 공유경제의 발전 양상	2019년 초순 들어 이와 같이 아시아지역이 주목을 받고 있는 가운데 앞서 지적한 동남아시아지역에서 공유경제의 발전 양상이 다른 지역에 비하여 유독 주목을 받고 있는 상황이다.

6. 공유경제의 강점과 정의에 대하여 설명하시오.

정답

	특징적인 요소
공유경제의 강점과 정의	공유경제의 강점은 개개인 소유보다는 시설과 제조와 관련하여 효과적인 공유경제 체제를 실현하는 것이다. 이것이 공유경제의 강점이며 정의이기도 하다. 이는 전통적인 경제체제보다는 새로운 실험적인 방법이기도 하다.

7. 공유경제와 비용의 관계에 대하여 설명하시오.

정답

	특징적인 요소
공유경제와 비용의 관계	개개인들에 의한 경제체제보다 시설과 제조와 관련된 장비를 공유함으로써 과잉시설을 방지할 수 있어서 국가적인 시스템에 효율성을 제고할 수 있다는 장점을 주게 된다. 이것이 비용을 줄여주어 지속 가능한 제조업을 창출해 나갈 수 있는 사업의 모형인지 잘 검토할 필요성이 있다는 측면이다.

8. 공유경제와 제조업과 유통 및 물류의 재정 및 환경적 효율성에 대하여 설명하시오.

정답

	특징적인 요소
공유경제와 제조업과 유통 및 물류의 재정 및 환경적 효율성	국가적인 시스템으로 볼 때 제조업뿐 아니라 유통 및 물류체계에도 공유경제 체제가 효과적일 수도 있다는 것이다. 이는 국가적인 시스템에서 재정집행을 효율적으로 할 수 있고 환경적으로도 효율화를 가져올 수 있고 유리하게 될 수 있다는 것이다.

9. 특허권과 지적재산권, 공유경제 체제에 대하여 설명하시오.

정답

	특징적인 요소
특허권과 지적재산권, 공유경제 체제	자본주의 시장경제체제에서 기술개발과 관련된 특허권 및 지적재산권의 중요성이 대두되었지만, 이와 같은 측면이 공유경제에 있어서는 국가적인 효율화 시스템에서 다시 생각해 볼 수 있는 측면이 대두되는 혁신적인 분야들이 적용된다는 것이다.

10. 공유경제 체제와 공장시설 및 모든 산업에 대한 적용 가능성에 대하여 설명하시오.

정답

	특징적인 요소
공유경제 체제와 공장시설 및 모든 산업에 대한 적용 가능성	소프트웨어적인 기술개발과 관련된 특허권 및 지적재산권을 비롯하여 공장시설까지 그리고 모든 산업의 모든 업종으로까지 확대하여 적용시켜볼 수 있는 것이 공유경제 체제이기도 하다.

11. 공유경제와 환경친화성인 U-시티(U-City)의 개념에 대하여 설명하시오.

정답

	특징적인 요소
공유경제와 환경친화성인 U-시티(U-City)의 개념	시대의 조류에 맞게 환경에 친화성이 높은 것이 공유경제이며, 소비자들에게 값싼 제품을 공급할 수 있는 유리성도 동시에 갖고 있으며 도시 생태계를 환경친화성이 높은 새로운 U-시티(U-City)의 개념으로 발전시켜 나갈 수 있는 지속가능한 도시 형태로 가져가게 될 수 있다는 측면이다.

12. 미국을 중심으로 공유경제가 새로운 도시형 기술혁신의 공동체 제공의 가능성에 대하여 설명하시오.

정답

	특징적인 요소
미국을 중심으로 공유경제체제가 새로운 도시형 기술적인 혁신의 공동체 제공의 가능성	자전거 사용의 촉진과 같은 화석연료 사용의 감소와 함께 새로운 도시형 디지털에 의한 플랫폼이 형성되어 나갈 수 있다는 의미이다. 이는 미국을 비롯하여 다른 국가들에서도 성공 가능성이 보이고 있으며 미국의 경우 몇몇 주에서 혁신성이 유통 및 물류 체계부터 시작하여 정착될 수도 있는 시스템으로 연결되고 있는 상황이다. 이와 같은 공유경제체제는 새로운 도시형 기술적인 혁신의 공동체를 제공해줄 수도 있다고 판단된다.

제2편

해외 부동산투자 전개와
게임이론의 현실 적용 모색

제3장   최후의 의사전달과 기축통화관련 고뇌게임, 미국 경제

제1절   최후의 의사전달과 관련된 게임과 각종 상거래

  미국을 비롯한 선진국 주식시장과 관련하여 1월에 주가가 상승하는 효과는 전년도의 말에 세금에 대한 감면에 의해서도 영향을 받는다고 시장에서는 판단하고 있다. 그리고 일반적으로 주가수익비율의 경우에 있어서도 높은 수준이 성장성이 높은 것으로 인식되어 있기도 하다. 따라서 경제 성장이 있을 경우에 있어서 주가에는 긍정적인 영향이 예상되고 현재 주력제품과 차세대 성장 동력 산업의 적극적인 발굴 양상도 중요할 것으로 보인다.

표 3-1   1월 주가상승현상과 및 일반적인 주가 흐름과 세금, 경제 성장

	특징적인 요소
1월 주가상승현상과	미국을 비롯한 선진국 주식시장과 관련하여 1월에 주가가 상승하는 효과는 전년도의 말에 세금에 대한 감면에 의해서도 영향을 받는다

일반적인 주가 흐름과 세금, 경제 성장	고 시장에서는 판단하고 있다. 그리고 일반적으로 주가수익비율의 경우에 있어서도 높은 수준이 성장성이 높은 것으로 인식되어 있기도 하다. 따라서 경제 성장이 있을 경우에 있어서 주가에는 긍정적인 영향이 예상되고 현재 주력제품과 차세대 성장 동력 산업의 적극적인 발굴 양상도 중요할 것으로 보인다.

그림 3-1 1월 주가상승현상과 일반적인 주가 흐름과 세금

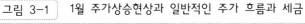

미국을 비롯한 선진국 주식시장

↓

1월에 주가가 상승하는 효과

↑

전년도의 말에 세금에 대한 감면에 의해서도 영향

그림 3-2 주가수익비율과 성장성

주가수익비율

↓

높은 수준

↑

성장성

한국 주식시장에는 미국과 중국의 무역 분쟁 및 한국과 일본의 무역 마찰 등이 해소되는 것도 중요할 것으로 판단된다. 이는 국제 자본시장에서의 자금흐름이 원활하게 한국 주식시장에 유입될 수 있는 기틀이 되기 때문이다.

표 3-2 국제 자본시장에서의 자금흐름과 한국 주식시장

	특징적인 요소
국제 자본시장에서의 자금흐름과 한국 주식시장	한국 주식시장에는 미국과 중국의 무역 분쟁 및 한국과 일본의 무역 마찰 등이 해소되는 것도 중요할 것으로 판단된다. 이는 국제 자본시장에서의 자금흐름이 원활하게 한국 주식시장에 유입될 수 있는 기틀이 되기 때문이다.

그림 3-3　국제 자본시장에서의 자금흐름과 한국 주식시장

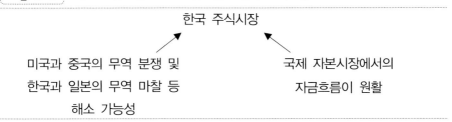

한국 주식시장

미국과 중국의 무역 분쟁 및
한국과 일본의 무역 마찰 등
해소 가능성

국제 자본시장에서의
자금흐름이 원활

한국 주식시장의 효율적이고 안정적인 성장을 위해서는 완전 경쟁시장과 이에 근거한 대칭적인 정보체계가 중요할 것으로 파악된다. 주식시장을 비롯한 모든 시장에서는 반복적인 게임 양상으로 진행 되므로 상대방의 반응도 잘 파악하면서 협상과 모든 거래가 이루어져야 한다.

표 3-3　대칭적인 정보체계와 반복적인 게임

	특징적인 요소
대칭적인 정보체계와 반복적인 게임	한국 주식시장의 효율적이고 안정적인 성장을 위해서는 완전 경쟁시장과 이에 근거한 대칭적인 정보체계가 중요할 것으로 파악된다. 주식시장을 비롯한 모든 시장에서는 반복적인 게임 양상으로 진행 되므로 상대방의 반응도 잘 파악하면서 협상과 모든 거래가 이루어져야 한다.

그림 3-4　완전 경쟁시장과 이에 근거한 대칭적인 정보체계

한국 주식시장의 효율적이고 안정적인 성장

↓

완전 경쟁시장과 이에 근거한 대칭적인 정보체계가 중요

최후의 의사전달과 관련된 게임이 현실적인 거래에서도 적용되고 있다. 이는 미국의 운동경기와 일본의 주식시장 등에서도 적용되고 있으며, 각종 상거래에서도 파악된다. 즉 판매자는 약간의 이윤과 구매가격 및 제조 및 가공에서 들어간 비용들은 감안한 한계비용을 포함하여 공급가격으로 시장에 내어 놓는다.[6] 이에

---

6) Dash, M. and Liu, H.(1997), Feature Selection for Classification, *Intelligent Data Analysis*, 1, (104).

구매자는 정당한 가격 수준인지 아닌지를 판단하여 구매를 할지 아니면 구매를 하지 않을지를 판단하는 것이다. 이와 같은 시장에서의 거래와 관련된 것들은 많은 예들을 찾아볼 수 있다.

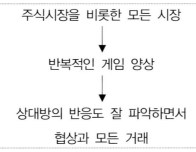

그림 3-5 반복적인 게임 양상

주식시장을 비롯한 모든 시장

↓

반복적인 게임 양상

↓

상대방의 반응도 잘 파악하면서

협상과 모든 거래

표 3-4 최후의 의사전달과 관련된 게임과 각종 상거래

	특징적인 요소
최후의 의사전달과 관련된 게임과 각종 상거래	최후의 의사전달과 관련된 게임이 현실적인 거래에서도 적용되고 있다. 이는 미국의 운동경기와 일본의 주식시장 등에서도 적용되고 있으며, 각종 상거래에서도 파악된다. 즉 판매자는 약간의 이윤과 구매가격 및 제조 및 가공에서 들어간 비용들은 감안한 한계비용을 포함하여 공급가격으로 시장에 내어 놓는다. 이에 구매자는 정당한 가격 수준인지 아닌지를 판단하여 구매를 할지 아니면 구매를 하지 않을지를 판단하는 것이다.

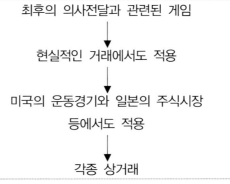

그림 3-6 최후의 의사전달과 관련된 게임

최후의 의사전달과 관련된 게임

↓

현실적인 거래에서도 적용

↓

미국의 운동경기와 일본의 주식시장

등에서도 적용

↓

각종 상거래

그림 3-7　최후의 의사전달과 관련된 게임의 전개

최후의 의사전달과 관련된 게임 전개

↓

판매자는 약간의 이윤과 구매가격 및 제조 및 가공에서

들어간 비용들을 감안한 한계비용을 포함하여

공급가격으로 시장에 내어 놓음

↓

구매자는 정당한 가격 수준인지 아닌지를

판단하여 구매를 할지 아니면 구매를

하지 않을지를 판단

제2절　기축통화관련 딜레마(고뇌) 게임과 미국 경제

그림 3-8　한국 국내총투자율(전년대비 증감률)과 미국 국내총투자율(전년대비 증감률)

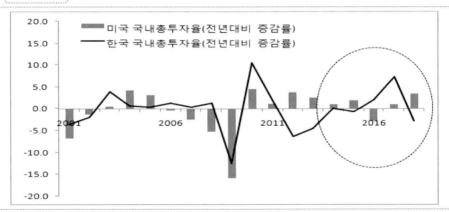

<그림 3-8>은 한국 국내총투자율(전년대비 증감률)과 미국 국내총투자율(전년대비 증감률)의 동향이다. 이와 같은 그림에서 한국 국내총투자율(전년대비 증감률)과 미국 국내총투자율(전년대비 증감률)은 모두 2001년부터 2018년까지의 연간 데이터이다.

한국 국내총투자율(전년대비 증감률)과 미국 국내총투자율(전년대비 증감률)의 단위는 모두 %이다. 그리고 이 데이터들은 한국은행(BANK OF KOREA)의 홈페이지에 나와 있는 경제통계시스템을 이용하여 얻은 것이다.

한국 국내총투자율(전년대비 증감률)과 미국 국내총투자율(전년대비 증감률)의 같은 기간 상관계수가 0.53을 기록하고 있다. 이 그림을 살펴보면 두 가지 특징이 있는데, 첫째는 상관계수가 비교적 높다는 점이고, 둘째는 2008년과 2009년 미국의 금융위기 시에 두 나라 모두에서 국내총투자율이 동시에 감소했다는 점이다.

그림 3-9 한국 국내총투자율(전년대비 증감률)과 일본 국내총투자율(전년대비 증감률)

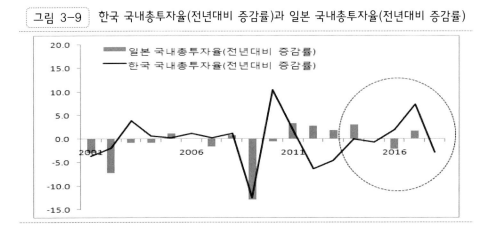

<그림 3-9>는 한국 국내총투자율(전년대비 증감률)과 일본 국내총투자율(전년대비 증감률)의 동향이다. 이와 같은 그림에서 한국 국내총투자율(전년대비 증감률)과 일본 국내총투자율(전년대비 증감률)은 각각 2001년부터 2018년까지와 2001년부터 2017년까지의 연간 데이터이다.

한국 국내총투자율(전년대비 증감률)과 일본 국내총투자율(전년대비 증감률)의 단위는 모두 %이다. 그리고 이 데이터들은 한국은행(BANK OF KOREA)의 홈페이지에 나와 있는 경제통계시스템을 이용하여 얻은 것이다. 한국 국내총투자율(전년대비 증감률)과 일본 국내총투자율(전년대비 증감률)의 같은 기간 상관계수가 0.50을 기록하고 있다.

그림 3-10 한국 국내총투자율(전년대비 증감률)과 중국 국내총투자율(전년대비 증감률)

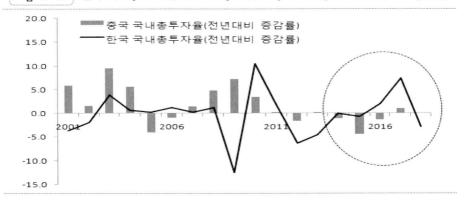

<그림 3-10>은 한국 국내총투자율(전년대비 증감률)과 중국 국내총투자율(전년대비 증감률)의 동향이다. 이와 같은 그림에서 한국 국내총투자율(전년대비 증감률)과 중국 국내총투자율(전년대비 증감률)은 각각 2001년부터 2018년까지와 2001년부터 2017년까지의 연간 데이터이다.

한국 국내총투자율(전년대비 증감률)과 중국 국내총투자율(전년대비 증감률)의 단위는 모두 %이다. 그리고 이 데이터들은 한국은행(BANK OF KOREA)의 홈페이지에 나와 있는 경제통계시스템을 이용하여 얻은 것이다.

한국과 미국 및 일본의 국내총투자율의 상관계수는 0.5 이상의 유의미한 상관성을 갖고 있는 데 반하여 한국 국내총투자율(전년대비 증감률)과 중국 국내총투자율(전년대비 증감률)의 같은 기간 상관계수가 −0.05를 기록하고 있다.

그림 3-11 한국 국내총투자율(전년대비 증감률)과 영국 국내총투자율(전년대비 증감률)

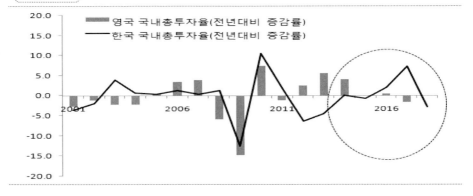

<그림 3−11>은 한국 국내총투자율(전년대비 증감률)과 영국 국내총투자율(전년대비 증감률)의 동향이다. 이와 같은 그림에서 한국 국내총투자율(전년대비 증감률)과 영국 국내총투자율(전년대비 증감률)은 각각 2001년부터 2018년까지와 2001년부터 2017년까지의 연간 데이터이다.

한국 국내총투자율(전년대비 증감률)과 영국 국내총투자율(전년대비 증감률)의 단위는 모두 %이다. 그리고 이 데이터들은 한국은행(BANK OF KOREA)의 홈페이지에 나와 있는 경제통계시스템을 이용하여 얻은 것이다. 한국 국내총투자율(전년대비 증감률)과 영국 국내총투자율(전년대비 증감률)의 같은 기간 상관계수가 0.50을 기록하고 있다.

<그림 3−12>는 한국 국내총투자율(전년대비 증감률)과 유로지역 국내총투자율(전년대비 증감률)의 동향이다. 이와 같은 그림에서 한국 국내총투자율(전년대비 증감률)과 유로지역 국내총투자율(전년대비 증감률)은 모두 2001년부터 2018년까지의 연간 데이터이다.

한국 국내총투자율(전년대비 증감률)과 유로지역 국내총투자율(전년대비 증감률)의 단위는 모두 %이다. 그리고 이 데이터들은 한국은행(BANK OF KOREA)의 홈페이지에 나와 있는 경제통계시스템을 이용하여 얻은 것이다.

한국 국내총투자율(전년대비 증감률)과 유로지역 국내총투자율(전년대비 증감률)의 같은 기간 상관계수가 0.72을 기록하고 있다. 유로지역의 경우에 있어서도 현재 미국과 중국의 무역관련 상호 간의 관세부과를 비롯한 무역마찰로 인하여 어려움을 겪고 있는 것으로 나타나고 있다.

그림 3-12 한국 국내총투자율(전년대비 증감률)과 유로지역 국내총투자율(전년대비 증감률)

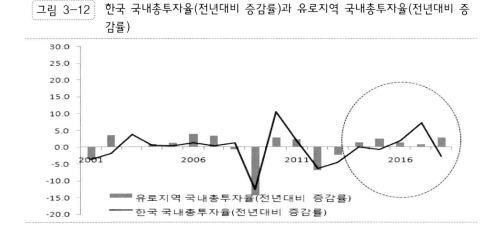

그림 3-13 한국 국내총투자율(전년대비 증감률)과 독일 국내총투자율(전년대비 증감률)

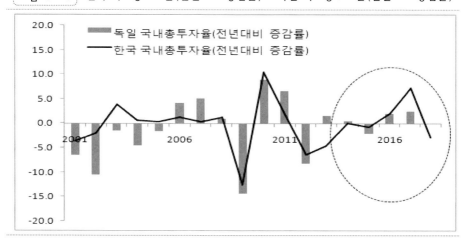

<그림 3-13>은 한국 국내총투자율(전년대비 증감률)과 독일 국내총투자율(전년대비 증감률)의 동향이다. 이와 같은 그림에서 한국 국내총투자율(전년대비 증감률)과 독일 국내총투자율(전년대비 증감률)은 각각 2001년부터 2018년까지와 2001년부터 2017년까지의 연간 데이터이다.

한국 국내총투자율(전년대비 증감률)과 독일 국내총투자율(전년대비 증감률)의 단위는 모두 %이다. 그리고 이 데이터들은 한국은행(BANK OF KOREA)의 홈페이지에 나와 있는 경제통계시스템을 이용하여 얻은 것이다.

한국 국내총투자율(전년대비 증감률)과 독일 국내총투자율(전년대비 증감률)의 같은 기간 상관계수가 0.77을 기록하고 있다. 유로지역 내의 경제부분에서 거의 30%에 가까운 부분을 차지하고 독일이 미국과 중국의 무역관련 상호 간의 관세부과를 비롯한 무역마찰로 인하여 제조업이 둔화되고 있어서 중국의 기업들에 대하여 독일지역으로의 투자유치에 노력하고 있는 것으로 알려지고 있는 상황이다.

그림 3-14 한국 국내총투자율(전년대비 증감률)과 대만 국내총투자율(전년대비 증감률)

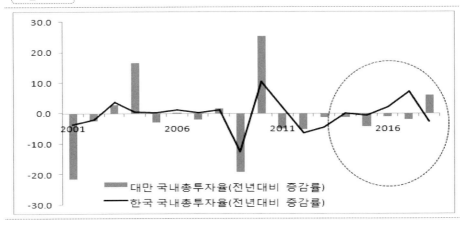

<그림 3-14>는 한국 국내총투자율(전년대비 증감률)과 대만 국내총투자율(전년대비 증감률)의 동향이다. 이와 같은 그림에서 한국 국내총투자율(전년대비 증감률)과 대만 국내총투자율(전년대비 증감률)은 모두 2001년부터 2018년까지의 연간 데이터이다.

한국 국내총투자율(전년대비 증감률)과 대만 국내총투자율(전년대비 증감률)의 단위는 모두 %이다. 그리고 이 데이터들은 한국은행(BANK OF KOREA)의 홈페이지에 나와 있는 경제통계시스템을 이용하여 얻은 것이다. 한국 국내총투자율(전년대비 증감률)과 대만 국내총투자율(전년대비 증감률)의 같은 기간 상관계수가 0.68을 기록하고 있다.

표 3-5   죄수 2인의 실토와 부정의 게임

		죄수2			
		실토		부정	
죄수1	실토	5	5	2	7
	부정	7	2	3	3

<표 3-5>에는 죄수 2인의 실토와 부정의 게임이 나타나 있다. 여기서 각각의 숫자들이 의미하는 것은 죄수들의 수감과 관련된 연수를 의미하고 대각선의

아래는 죄수1과 관련된 수감연수이며 대각선의 위 숫자는 죄수2와 관련된 숫자를 나타낸다.

여기서 보면 죄수1과 죄수2에게 있어서 동시에 가장 좋은 선택은 모두 부정하여 3년의 수감생활을 하는 것이지만 상대방의 전략을 알지 못할 경우에 있어서는 둘 다 모두 실토를 하게 되어 각각 5년형의 수감생활을 하게 된다는 이론이다.

그림 3-15 죄수 2인의 실토와 부정 게임의 체계

죄수 2인의 실토와 부정의 게임

↓

죄수1과 죄수2에게 있어서 동시에 가장 좋은 선택은
모두 부정하여 3년의 수감생활을 하는 것

↓

상대방의 전략을 알지 못할 경우에 있어서는
둘 다 모두 실토를 하게 되어
각각 5년 형의 수감생활을 하게 된다는 이론

이 게임이 의미하는 바는 국제적인 상거래에 있어서 상대방 국가에 대한 신뢰가 얼마나 중요한지를 보여주고 있는 것이다. 이는 개인 간에 있어서의 상거래 행위에서도 마찬가지로 적용된다.

모든 세계 또는 국내 기업들과 개인들의 거래에 있어서는 이와 같은 상거래에 대한 신뢰와 협조 및 이에 바탕을 둔 실제로 행하는 행위 등이 있어야 한다. 이것이 하나의 국제간에 있어서의 규범이든 질서로 자리를 잡게 된다.

이와 같은 상황과 관련된 것으로 달러화의 기축통화관련의 딜레마(고뇌) 게임이라는 것이 있다. 이는 현실 세계에 있어서 달러와 관련된 기축통화의 달러화 가치에 대한 모순과 관련되어 있는 것이다.

표 3-6 달러화의 기축통화관련의 딜레마(고뇌) 게임

	특징적인 요소
달러화의 기축통화관련의 딜레마(고뇌) 게임	달러화의 기축통화관련의 딜레마(고뇌) 게임이라는 것이 있다. 이는 현실 세계에 있어서 달러와 관련된 기축통화의 달러화 가치에 대한 모순과 관련되어 있는 것이다.

그림 3-16 달러화의 기축통화관련의 딜레마(고뇌) 게임의 체계

딜러화의 기축통화에 의한 딜레마(고뇌) 게임

↓

현실 세계에 있어서 달러와 관련된
기축통화의 달러화 가치에 대한 모순

즉 달러화의 경우에 있어서 기축통화가 유지되기 위해서는 대외거래 부문에서 지속적인 흑자 또는 적자 상태가 어렵다는 점을 지적하고 있는 것이다. 이는 미국의 달러화가 국제적인 공공재로서의 역할을 하고 있거나 지속적으로 가능한지와 맞물려 있으며 이는 결국 미국에 있어서 일자리 및 경제 상황에서 미국의 재정부채의 지속적인 상황으로까지 이어질 수 있는지 등 여러 가지 현안과 관련하여 생각해 보아야 하는 측면이 있다고 시장에서 판단하고 있다.

표 3-7 달러화의 기축통화의 딜레마(고뇌) 게임과 미국 경제

	특징적인 요소
달러화의 기축통화 딜레마(고뇌) 게임과 및 미국 경제	달러화의 경우에 있어서 기축통화가 유지되기 위해서는 대외거래 부문에서 지속적인 흑자 또는 적자 상태가 어렵다는 점을 지적하고 있는 것이다. 이는 미국의 달러화가 국제적인 공공재로서의 역할을 하고 있거나 지속적으로 가능한지와 맞물려 있으며 이는 결국 미국에 있어서 일자리 및 경제 상황에서 미국의 재정부채의 지속적인 상황으로까지 이어질 수 있는지 등 여러 가지 현안과 관련하여 생각해 보아야 하는 측면이 있다고 시장에서 판단하고 있다.

그림 3-17 달러화의 기축통화의 고뇌 게임과 미국 경제의 관계

달러화의 기축통화의 딜레마(고뇌) 게임의 전개

↓

달러화의 경우에 있어서 기축통화가 유지되기

위해서는 대외거래 부문에서 지속적인

흑자 또는 적자 상태가 어렵다는 점

연습문제 3

1. 1월 주가상승현상과 및 일반적인 주가 흐름과 세금, 경제 성장에 대하여 설명하시오.

정답

	특징적인 요소
1월 주가상승현상과 일반적인 주가 흐름과 세금, 경제 성장	미국을 비롯한 선진국 주식시장과 관련하여 1월에 주가가 상승하는 효과는 전년도의 말에 세금에 대한 감면에 의해서도 영향을 받는다고 시장에서는 판단하고 있다. 그리고 일반적으로 주가수익비율의 경우에 있어서도 높은 수준이 성장성이 높은 것으로 인식되어 있기도 하다. 따라서 경제 성장이 있을 경우에 있어서 주가에는 긍정적인 영향이 예상되고 현재 주력제품과 차세대 성장 동력 산업의 적극적인 발굴 양상도 중요할 것으로 보인다.

2. 국제 자본시장에서의 자금흐름과 한국 주식시장에 대하여 설명하시오.

정답

	특징적인 요소
국제 자본시장 에서의 자금흐름과 한국 주식시장	한국 주식시장에는 미국과 중국의 무역 분쟁 및 한국과 일본의 무역 마찰 등이 해소되는 것도 중요할 것으로 판단된다. 이는 국제 자본시장에서의 자금흐름이 원활하게 한국 주식시장에 유입될 수 있는 기틀이 되기 때문이다.

3. 대칭적인 정보체계와 반복적인 게임에 대하여 설명하시오.

정답

	특징적인 요소
대칭적인 정보체계와 반복적인 게임	한국 주식시장의 효율적이고 안정적인 성장을 위해서는 완전 경쟁시장과 이에 근거한 대칭적인 정보체계가 중요할 것으로 파악된다. 주식시장을 비롯한 모든 시장에서는 반복적인 게임 양상으로 진행되므로 상대방의 반응도 잘 파악하면서 협상과 모든 거래가 이루어져야 한다.

4. 최후의 의사전달과 관련된 게임과 각종 상거래에 대하여 설명하시오.

정답

	특징적인 요소
최후의 의사전달과 관련된 게임과 각종 상거래	최후의 의사전달과 관련된 게임이 현실적인 거래에서도 적용되고 있다. 이는 미국의 운동경기와 일본의 주식시장 등에서도 적용되고 있으며, 각종 상거래에서도 파악된다. 즉 판매자는 약간의 이윤과 구매가격 및 제조 및 가공에서 들어간 비용들은 감안한 한계비용을 포함하여 공급가격으로 시장에 내어 놓는다. 이에 구매자는 정당한 가격 수준인지 아닌지를 판단하여 구매를 할지 아니면 구매를 하지 않을지를 판단하는 것이다.

5. 죄수 2인의 실토와 부정의 게임에 대하여 설명하시오.

정답

		죄수2			
		실토		부정	
죄수1	실토	5	5	2	7
	부정	7	2	3	3

〈표 3-5〉에는 죄수 2인의 실토와 부정의 게임이 나타나 있다. 여기서 각각의 숫자들이 의미하는 것은 죄수들의 수감과 관련된 연수를 의미하고 대각선의 아래는 죄수1과 관련된 수감연수이며 대각선의 위 숫자는 죄수2와 관련된 숫자를 나타낸다.

여기서 보면 죄수1과 죄수2에게 있어서 동시에 가장 좋은 선택은 모두 부정하여 3년의 수감생활을 하는 것이지만 상대방의 전략을 알지 못할 경우에 있어서는 둘 다 모두 실토를 하게 되어 각각 5년 형의 수감생활을 하게 된다는 이론이다.

6. 달러화의 기축통화관련의 딜레마(고뇌) 게임에 대하여 설명하시오.

정답

	특징적인 요소
달러화의 기축통화관련의 딜레마(고뇌) 게임	달러화의 기축통화관련의 딜레마(고뇌) 게임이라는 것이 있다. 이는 현실 세계에 있어서 달러와 관련된 기축통화의 달러화 가치에 대한 모순과 관련되어 있는 것이다.

7. 달러화의 기축통화의 딜레마(고뇌) 게임과 미국 경제에 대하여 설명하시오.

정답

	특징적인 요소
달러화의 기축통화 딜레마(고뇌) 게임과 및 미국 경제	달러화의 경우에 있어서 기축통화가 유지되기 위해서는 대외거래 부문에서 지속적인 흑자 또는 적자 상태가 어렵다는 점을 지적하고 있는 것이다. 이는 미국의 달러화가 국제적인 공공재로서의 역할을 하고 있거나 지속적으로 가 능한지와 맞물려 있으며 이는 결국 미국에 있어서 일자리 및 경제 상황에서 미국의 재정부채의 지속인 상황으로까지 이어질 수 있는지 등 여러 가지 현 안과 관련하여 생각해 보아야 하는 측면이 있다고 시장에서 판단하고 있다.

제4장

해외 부동산투자
전개와 게임

제1절 브렉시트 논의를 비롯한 현실 경제와 진화 및 전통 게임

한국경제의 4차 산업혁명 분야 중에서 암호화폐의 경우 스테이블코인의 개발과 관련된 활성화의 측면이 두드러지고 있다. 이는 가치의 안정성과 관련된 것이다. 이는 가상화폐 분야와 관련하여 시장에서 아직 확실한 신뢰성이 미국을 비롯하여 회복하지 못하고 있다는 가정에서 볼 때, 한국의 경우 블록체인과 관련하여서는 성장가능성에 있어서 긍정적으로 보고 있는 측면을 잘 살펴보아야 한다.

표 4-1 암호화폐의 경우 스테이블코인의 개발과 관련된 활성화와 가치의 안정성

	특징적인 요소
암호화폐의 경우 스테이블코인의 개발과 관련된 활성화와 가치의 안정성	한국경제의 4차 산업혁명 분야 중에서 암호화폐의 경우 스테이블코인의 개발과 관련된 활성화의 측면이 두드러지고 있다. 이는 가치의 안정성과 관련된 것이다. 이는 가상화폐 분야와 관련하여 시장에서 아직 확실한 신뢰성이 미국을 비롯하여 회복하지 못하고 있다는 가정에서 볼 때, 한국의 경우 블록체인과 관련하여서는 성장가능성에 있어서 긍정적으로 보고 있는 측면을 잘 살펴보아야 한다.
	이와 같은 안정적인 성장이 가능한 토대의 제공들이 확실하게 이어져야 블록체인만에 의한 가치체계가 확립되게 되고 서비스에 의한 대중성이 확보될 것으로 시장에서는 판단하고 있다.

그림 4-1   암호화폐의 경우 스테이블코인 개발과 관련된 활성화와 가치 안정성의 관계

암호화폐의 경우 스테이블코인의

개발과 관련된 활성화의 측면

↑

가치의 안정성

  그런데 이와 같은 안정적인 성장이 가능한 토대의 제공들이 확실하게 이어져야 블록체인만에 의한 가치체계가 확립되게 되고 서비스에 의한 대중성이 확보될 것으로 시장에서는 판단하고 있다. 이와 같은 차세대에 대한 투자 산업도 중요하고 현재 시급한 현안인 저출산과 고령화에 대한 해결을 비롯한 한국과 일본의 무역관련 마찰 등을 해소해야 하며 경제의 안정화를 위하여 정부에 의한 재정정책이 잘 집행되고 이는 정부부문에 의한 투자와 소비의 활성화 등이 이루어져 나가야 한다고 한편의 시장전문가들은 판단하고 있기도 한다.

표 4-2 경제의 안정화와 재정정책

	특징적인 요소
경제의 안정화와 재정정책	차세대에 대한 투자 산업도 중요하고 현재 시급한 현안인 저출산과 고령화에 대한 해결을 비롯한 한국과 일본의 무역관련 마찰 등을 해소해야 하며 경제의 안정화를 위하여 정부에 의한 재정정책이 잘 집행되고 이는 정부부문에 의한 투자와 소비의 활성화 등이 이루어져 나가야 한다고 한편의 시장전문가들은 판단하고 있기도 한다.

그림 4-2   경제의 안정화와 재정정책의 관계도

저출산과 고령화에 대한 해결을 비롯한

한국과 일본의 무역관련 마찰 등을 해소하고

경제의 안정화

↓

정부에 의한 재정정책이 잘 집행되고

정부부문에 의한 투자와 소비의 활성화 등이

이루어져 나가야 한다고 한편의 시장전문가들은 판단

이와 같은 재정의 경우 일본과 미국 모두 수입의 비율 측면에서 늘어날 것으로 시장에서는 보고 있다. 이는 경제의 안정화와 활성화가 결국 재정분야에 있어서 수입을 늘어나게 하는 경제 선순환 구조로 보는 한편의 시장전문가들의 판단이기도 하다.

표 4-3   재정의 경우에 있어서 일본과 미국 수입의 비율측면

	특징적인 요소
재정의 경우에 있어서 일본과 미국 수입의 비율 측면	재정의 경우 일본과 미국 모두 수입의 비율 측면에서 늘어날 것으로 시장에서는 보고 있다. 이는 경제의 안정화와 활성화가 결국 재정분야에 있어서 수입을 늘어나게 하는 경제 선순환 구조로 보는 한편의 시장전문가들의 판단이기도 하다.

재정의 경우에 있어서 일본과 미국 수입의 비율 측면의 전개과정

재정의 경우

↓

일본과 미국 모두 수입의 비율 측면에서
늘어날 것으로 시장에서는 판단

↑

경제의 안정화와 활성화 :
결국 재정분야에 있어서 수입을 늘어나게 하는
경제 선순환 구조로 보는
한편의 시장전문가들의 판단이 있음

4차 산업혁명 분야의 공유경제에서도 휴대폰 서비스와 관련하여 발전해 나가고 있는 동남아시아시장을 비롯한 이머징마켓의 경우에 있어서는 한국과의 교역 간에 있어서 규모가 작긴 하지만 상호 간에 있어서 도움이 되는 수출확대 전략 (win·win)이 필요하다고 보고 있는 상황이다.

표 4-4 동남아시아시장을 비롯한 이머징마켓과 한국의 무역 전략

	특징적인 요소
동남아시아시장을 비롯한 이머징마켓과 한국의 무역 전략	4차 산업혁명 분야의 공유경제에서도 휴대폰 서비스와 관련하여 발전해 나가고 있는 동남아시아시장을 비롯한 이머징마켓의 경우에 있어서는 한국과의 교역 간에 있어서 규모가 작긴 하지만 상호 간에 있어서 도움이 되는 수출확대 전략(win·win)이 필요하다고 보고 있는 상황이다.

그림 4-4 동남아시아시장을 비롯한 이머징마켓과 한국 무역 전략의 관계

동남아시아시장을 비롯한 이머징마켓의 경우에 있어서는

한국과의 교역 간에 있어서 규모가 작음

↓

상호간에 있어서 도움이 되는

수출확대 전략(win·win)이 필요

최근 국내 물가는 2019년 들어 국제적인 유가의 하락과 농산물의 가격 안정이 주요 특징으로 있다. 이는 국민들에게 있어서 물가하락은 경제안정을 위하여 필수불가결한 요소라는 것을 감안하면 좋은 현상이다. 하지만 일각에서 우려하고 있는 경기침체와 관련되어 있는지는 이어지는 소비자물가의 동향을 비롯한 각종 지표들을 참조해야 한다는 주장도 있는 상황이기도 하다. 사실 유가의 하락도 산업에 있어서 비용을 절감시켜주는 효과가 있어서 긍정적일 수도 있고, 미국과 중국의 무역 마찰의 심화로 인한 국제 경제의 활성화 측면에서 후퇴의 조짐에 대한 우려로 유가의 하락을 경기침체의 신호로 보기도 하는 등 제반 대내외 경제 여건을 함께 고려하여 판단할 수밖에 없는 현실이다.

표 4-5 국내 물가와 경제의 관계

	특징적인 요소
국내 물가와 경제의 관계	최근 국내 물가는 2019년 들어 국제적인 유가의 하락과 농산물의 가격 안정이 주요 특징으로 있다. 이는 국민들에게 있어서 물가하락은 경제안정을 위하여 필수불가결한 요소라는 것을 감안하면 좋은 현상이다. 하지만 일각에서 우려하고 있는 경기침체와 관련되어 있는지는 이어지는 소비자물가의 동향을 비롯한 각종 지표들을 참조해야 한다는 주장도 있는 상황이기도 하다.

| 그림 4-5 | 국내 물가와 경제의 관계도 |

최근 국내 물가는 2019년 들어

국제적인 유가의 하락과 농산물의 가격

안정이 주요 특징

↓

국민들에게 있어서 물가하락은 경제안정을 위하여

필수불가결한 요소라는 것을 감안하면 좋은 현상

↓

일각에서 우려하고 있는 경기침체와 관련되어

있는지는 이어지는 소비자물가의 동향을 비롯한

각종 지표들을 참조해야 한다는 주장도

있는 상황이기도 함

| 그림 4-6 | 전국 제조업 업황실적(2019년 4월부터 2019년 8월까지) |

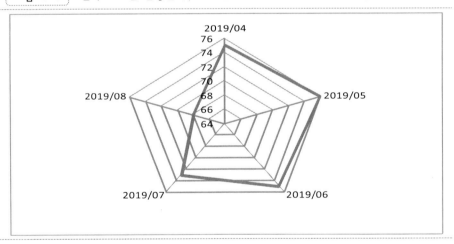

<그림 4-6>은 전국 제조업 업황실적(2019년 4월부터 2019년 8월까지)의 동향이다. 이 데이터들은 한국은행(BANK OF KOREA)의 홈페이지에 나와 있는 경제통계시스템을 이용하여 얻은 것이다. 2019년 4월부터 2019년 8월까지의 전국실적 제조업 업황실적을 살펴보면 2019년 5월까지 상승하였다가 이후 2019년 8월까지 하향 추세를 보인 것으로 나타나 있다.

미국의 한 신용평가회사가 2019년 9월 중순 들어 한국의 기업들에 대하여 1년 동안 긍정적인 조정이 아닌 부정적인 조정에 대하여 언급한 것으로 시장에 알려졌다. 이는 한국 경제에 부정적인 영향을 나타낼 수도 있다고 파악된다.

<그림 4-7>은 전국 제조업 업황실적(S.A)(2019년 4월부터 2019년 8월까지)의 동향이다. 이 데이터들은 한국은행(BANK OF KOREA)의 홈페이지에 나와 있는 경제통계시스템을 이용하여 얻은 것이다. 2019년 4월부터 2019년 8월까지의 전국실적 제조업 업황실적(S.A)을 살펴보면 2019년 6월까지 상승하였다가 이후 2019년 8월까지 하향 추세를 보인 것으로 나타나 있다.

그림 4-7 　전국 제조업 업황실적(S.A)(2019년 4월부터 2019년 8월까지)

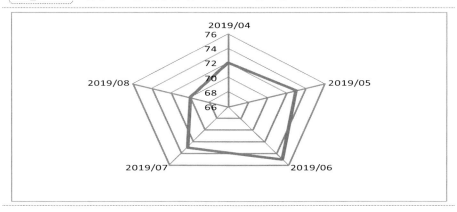

그림 4-8 　전국 제조업 매출실적(2019년 4월부터 2019년 8월까지)

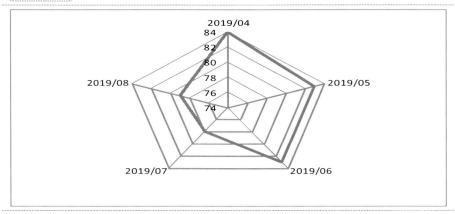

<그림 4-8>은 전국 제조업 매출실적(2019년 4월부터 2019년 8월까지)의 동향이다. 이 데이터들은 한국은행(BANK OF KOREA)의 홈페이지에 나와 있는 경제통계시스템을 이용하여 얻은 것이다.

2019년 4월부터 2019년 8월까지의 전국실적 제조업 매출실적을 살펴보면 2019년 7월까지 하락하였다가 이후 2019년 8월 들어 소폭 상승한 것을 알 수 있다. 미국과 중국의 무역관련 마찰이 진행 중인 상황에서 일본의 한국에 대한 수출에 대한 규제 정책이 이어지면서 한국의 주력 전자산업에 부정적인 영향을 주어 실적에도 좋지 않은 영향을 나타낼 수 있는 것으로 판단된다.

그림 4-9   전국 제조업 수출실적(2019년 4월부터 2019년 8월까지)

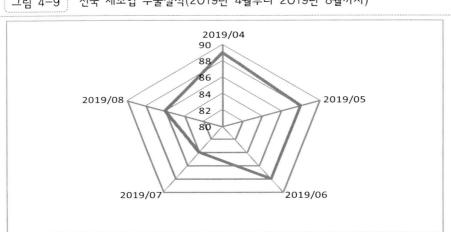

<그림 4-9>는 전국 제조업 수출실적(2019년 4월부터 2019년 8월까지)의 동향이다. 이 데이터들은 한국은행(BANK OF KOREA)의 홈페이지에 나와 있는 경제통계시스템을 이용하여 얻은 것이다.

2019년 4월부터 2019년 8월까지의 전국실적 제조업 수출실적을 살펴보면 2019년 7월까지 하락하였다가 이후 2019년 8월 들어 소폭 상승한 것을 알 수 있다. 한편 미국 및 중국에 이어지고 있는 무역관련 분쟁의 부정적인 효과가 세계전 시장에서 제조업에 대하여 활동성을 제약하는 역할을 하고 있다. 특히 중국에 대하여 수출의 비중이 높게 형성되고 있는 일본과 한국을 비롯하여 유로지역의 독일까지 영향을 받고 있는 상황이다.

이와 같은 부정적인 기류가 없어져야 한국의 좋은 양상의 수출실적이 지속될 수 있을 것으로 시장에서는 판단하고 있다. 유로지역의 경우에도 영국이 합의가 없는 상태에서의 EU에 대한 탈퇴(브렉시트) 시에 있어서 EU여행에서 와인과 맥주 등의 면세점의 이용이 가능할 수 있다고 알려져 있다. 이러한 정책들이 결국 한국의 수출에도 미칠 영향을 잘 주시할 필요가 있다고 시장에서는 보고 있는 상황이다.

<그림 4-10>은 전국 제조업 내수판매실적(2019년 4월부터 2019년 8월까지)의 동향이다. 이 데이터들은 한국은행(BANK OF KOREA)의 홈페이지에 나와 있는 경제통계시스템을 이용하여 얻은 것이다.

2019년 4월부터 2019년 8월까지의 전국실적 제조업 내수판매실적을 살펴보면 2019년 5월까지 상승하였다가 이후 2019년 8월까지 하향 추세를 보인 것으로 나타나 있다. 앞에서도 언급하였듯이 대내외 경제의 안정이 무엇보다 중요하고 제조업 내수판매실적도 이와 무관하지 않아 보인다.

결국 국내 경제성장과 국내 경제의 안정화를 위한 금융 및 재정정책 등이 필요할 것으로 시장에서는 보고 있다. 특히 내수와 관련하여 시장이 넉넉하지 못한 한국경제에 있어서는 대외적인 안정과 수출 확대 및 자영업을 비롯한 모든 경제주체들의 경제 활동성 증진을 위하여 기업들을 포함한 경제주체들의 노력이 매우 중요할 것으로 일각에서는 주장하고 있기도 하다.

그림 4-10 전국 제조업 내수판매실적(2019년 4월부터 2019년 8월까지)

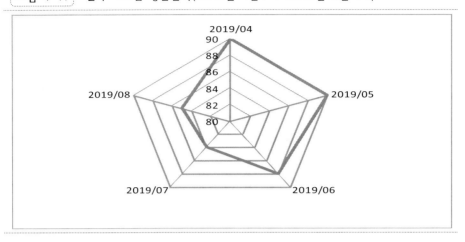

그림 4-11　전국 제조업 생산실적(2019년 4월부터 2019년 8월까지)

<그림 4-11>은 전국 제조업 생산실적(2019년 4월부터 2019년 8월까지)의 동향이다. 이 데이터들은 한국은행(BANK OF KOREA)의 홈페이지에 나와 있는 경제통계시스템을 이용하여 얻은 것이다. 2019년 4월부터 2019년 8월까지의 전국실적 제조업 생산실적을 살펴보면 2019년 7월까지 하락하였다가 이후 2019년 8월들어 소폭 상승한 것을 알 수 있다.

처음 게임과 관련된 이론은 수학적인 방법으로의 설명으로 인하여 전략적이며 합리성을 지니는 전통적인 게임양상으로 인간들이 참여하게 되는 상황(state)을 제시하였다. 이는 게임에 참여하는 선수들이 선택과 관련된 만족감(효용, utility)이 보수형태로 자신들에게 주어지게 되는 것을 상정하는 비협력적 모형인 게임형태였다. 즉 게임에 대하여 참여한 선수들이 서로 간에 있어서 전혀 협력적인 태도를 보이지 않는 채 의사결정(decision making)을 하는 체계들로 하여 설명하려고 한 것이다.

표 4-6　처음 게임과 관련된 이론과 만족감(효용, utility), 의사결정(decision making)

	특징적인 요소
처음 게임과 관련된 이론과 만족감 (효용, utility) 및	처음 게임과 관련된 이론은 수학적인 방법으로의 설명으로 인하여 전략적이며 합리성을 지니는 전통적인 게임양상으로 인간들이 참여하게 되는 상황(state)을 제시하였다. 이는 게임에 참여하는 선수들

의사결정(decision making)	이 선택과 관련된 만족감(효용, utility)이 보수형태로 자신들에게 주어지게 되는 것을 상정하는 비협력적 모형인 게임형태였다. 즉 게임에 대하여 참여한 선수들이 서로 간에 있어서 전혀 협력적인 태도를 보이지 않는 채 의사결정(decision making)을 하는 체계들로 하여 설명하려고 한 것이다.

그림 4-12 처음 게임과 관련된 이론과 만족감 및 의사결정(decision making) 체계

처음 게임과 관련된 이론은 수학적인 방법으로의 설명

↓

전략적이며 합리성을 지니는 전통적인 게임양상으로
인간들이 참여하게 되는 상황(state)을 제시

↓

게임에 참여하는 선수들이 선택과 관련된 만족감
(효용, utility)이 보수형태로 자신들에게 주어지게
되는 것을 상정하는 비협력적 모형인 게임형태

↓

게임에 대하여 참여한 선수들이 서로 간에 있어서
전혀 협력적인 태도를 보이지 않는 채 의사결정
(decision making)을 하는 체계

이와 같은 처음 게임과 관련된 이론의 체계들을 통하여 생물학적인 토대로 하여 진화에 의한 의미로서 해석하고 적용하여 나가는 게임이 생기게 되었다. 이는 생존과 관련된 것으로 유전자에 있어서의 경쟁 체제에 대하여 수학적인 모형으로 정립한 것이다.

이와 같은 게임 이론적 접근이 중요한 것은 합리적이라는 인간의 사상과 함께 시시각각으로 변화하는 대내외 경제에서의 인간 선택의 행태와 예측 및 기업단위 및 개인의 대처 방안과 이윤추구 등을 얻을 수 있기 때문이다.

| 표 4-7 | 진화에 의한 의미로서 해석하고 적용하여 나가는 게임 |

	특징적인 요소
진화에 의한 의미로서 해석하고 적용하여 나가는 게임	처음 게임과 관련된 이론의 체계들을 통하여 생물학적인 토대로 하여 진화에 의한 의미로서 해석하고 적용하여 나가는 게임이 생기게 되었다. 이는 생존과 관련된 것으로 유전자에 있어서의 경쟁 체제에 대하여 수학적인 모형으로 정립한 것이다.
	이와 같은 게임 이론적 접근이 중요한 것은 합리적이라는 인간의 사상과 함께 시시각각으로 변화하는 대내외 경제에서의 인간의 선택의 행태와 예측 및 기업단위 및 개인의 대처 방안과 이윤추구 등을 얻을 수 있기 때문이다.

| 그림 4-13 | 진화에 의한 의미로서 해석하고 적용하여 나가는 게임의 전개 |

처음 게임과 관련된 이론의 체계들을 통하여

생물학적인 토대로 하여 진화에 의한 의미로서

해석하고 적용하여 나가는 게임이 발생

↓

생존과 관련된 것으로 유전자에 있어서의

경쟁 체제에 대하여 수학적인 모형으로 정립

제2절 세계적인 저금리 추세와 해외 부동산투자 전개

향후 개인들이 바라보는 주택시장은 어떻게 바라보아야 하는가? 세계 실물시장의 동조화현상이 부동산에도 적용되는가? 그러면 인구의 감소시대에는 부동산가격은 어떻게 될 것인가? 대안 투자는 무엇일까? 4차 산업혁명 시대에 집값에는 어떠한 요소들이 가격에 영향을 줄 수 있는가?

미국을 중심으로 선진국에도 강변을 중심으로 고가의 주택들의 가격흐름이 이어질 것인가? 종합부동산세를 비롯한 보유세와 집 값 및 토지가격은 어떻게 될까? 서울과 이외의 지역에서 주택가격과 토지가격은 향후 어떻게 전개될 것인가? 등

수많은 의문점을 가질 수 있다.

이것 이외에도 금융자산과 은퇴이후의 금융자산과 부동산의 보유 비율은 무엇인가? 저축은 어느 정도 이어야 하는가? 연금은 어떤 시기에 얼마만큼 필요할 것인가? 노후 대책 및 병원비는 어떻게 판단하여야 하는가? 이 모든 것들이 종합적인 인생 설계에서 필요한 것들이고 요소들이다.

먼저 부동산 중에서 주택시장을 살펴보면 2019년 중순 들어 시장에서의 판단은 서울지역에 있어서 주요지역은 당분간 안정적인 흐름이 유지될 것으로 대체적으로 보고 있다. 신규 아파트를 중심으로 하여 분양가에 대한 상한제도가 확대되면서 가격의 움직임이 가장 눈여겨 보아야 할 부분이라고 이들은 지적하고 있다.

표 4-8 신규 아파트와 분양가에 대한 상한제도의 확대

	특징적인 요소
신규 아파트와 분양가에 대한 상한제도의 확대	부동산 중에서 주택시장을 살펴보면 2019년 중순 들어 시장에서의 판단은 서울지역에 있어서 주요지역은 당분간 안정적인 흐름이 유지될 것으로 대체적으로 보고 있다. 신규 아파트를 중심으로 하여 분양가에 대한 상한제도가 확대되면서 가격의 움직임이 가장 눈여겨 보아야 할 부분이라고 이들은 지적하고 있다.

그림 4-14 신규 아파트와 분양가에 대한 상한제도 확대의 관계

부동산 중에서 주택시장

↓

2019년 중순 들어 시장에서의 판단은
서울지역에 있어서 주요지역은
당분간 안정적인 흐름이 유지될 것으로
대체적으로 보고 있음

↓

신규 아파트를 중심으로 하여 분양가에
대한 상한제도가 확대되면서 가격의 움직임

미국을 비롯한 세계적인 저금리 추세가 확산되면서 한국에 있어서 해외의 부

동산투자와 관련하여 주목을 받고 있다고 시장에서는 내다보고 있다. 이는 투자수익률 측면도 고려된 것이다. 저금리는 풍부한 유동성을 의미하는데 부동산과 관련된 실물투자가 유망할지 아니면 주식과 같은 금융자산에 대한 투자가 유망할지에 대하여 판단해 보아야 한다.

그림 4-15 | 세계적인 저금리 추세와 해외 부동산투자의 관계

미국을 비롯한 세계적인 저금리 추세의 확산

↓

한국에 있어서 해외의 부동산투자와 관련하여 주목

표 4-9 | 세계적인 저금리 추세와 해외 부동산투자

	특징적인 요소
세계적인 저금리 추세와 해외 부동산투자	미국을 비롯한 세계적인 저금리 추세가 확산되면서 한국에 있어서 해외의 부동산투자와 관련하여 주목을 받고 있다고 시장에서는 내다보고 있다. 이는 투자수익률 측면도 고려된 것이다. 저금리는 풍부한 유동성을 의미하는데 부동산과 관련된 실물투자가 유망할지 아니면 주식과 같은 금융자산에 대한 투자가 유망할지에 대하여 판단해 보아야 한다.

이는 한국과 비슷한 경제규모를 가진 비슷한 환경의 홍콩을 포함한 다른 국가들에 있어서의 상대적인 아파트 가격과 부동산 가격도 점검해 보아야 한다고 일각의 시장전문가들은 주장하고 있기도 하다.

표 4-10 | 홍콩을 포함한 다른 국가들에 있어서의 아파트 가격과 부동산 가격

	특징적인 요소
홍콩을 포함한 다른 국가들에 있어서의 아파트 가격과 부동산 가격	한국과 비슷한 경제규모를 가진 비슷한 환경의 홍콩을 포함한 다른 국가들에 있어서의 상대적인 아파트 가격과 부동산 가격도 점검해 보아야 한다고 일각의 시장전문가들은 주장하고 있기도 하다.

그림 4-16 홍콩을 포함한 다른 국가들에 있어서의 아파트 가격과 부동산 가격의 관계

한국과 비슷한 경제규모를 가진 비슷한

환경의 홍콩을 포함한 다른 국가들

↓

상대적인 아파트 가격과

부동산 가격도 점검 필요

따라서 이들에 따르면 일본과 홍콩을 비롯하여 싱가포르 등 세계 지도상에서 부유한 나라에 포함되는 국가들에 있어서의 인구와 부동산과 아파트 등의 자산 가격 및 이들 자산 가격이 한국보다 상대적으로 비싼지 그렇지 않은지도 잘 살펴보아야 하는 측면도 있다는 것이다.

표 4-11 인구와 부동산, 아파트 등의 자산 가격 및 일본과 홍콩, 싱가포르 부동산가격

	특징적인 요소
인구와 부동산과 아파트 등의 자산 가격 및 일본과 홍콩을 비롯한 싱가포르 부동산가격	일본과 홍콩을 비롯하여 싱가포르 등 세계 지도상에서 부유한 나라에 포함되는 국가들에 있어서의 인구와 부동산과 아파트 등의 자산 가격 및 이들 자산 가격이 한국보다 상대적으로 비싼지 그렇지 않은지도 잘 살펴보아야 하는 측면도 있다는 것이다.

그림 4-17 인구와 부동산과 아파트 등의 자산 가격 및 일본과 홍콩, 싱가포르

일본과 홍콩을 비롯하여 싱가포르 등

세계 지도상에서 부유한 나라에 포함되는 국가들

↓

인구와 부동산과 아파트 등의 자산 가격 및

이들 자산 가격이 한국보다 상대적으로

비싼지 그렇지 않은지도 잘 살펴보아야 하는 측면

4차 산업혁명에 포함되는 산업들에는 여러 가지들이 있지만 공유경제 체제와

수송 관련하여 휴대폰의 앱과 자동차 시장, 그리고 자동차 시장과 관련된 서비스업 그리고 자동차 내에서도 고급과 이외의 차종 등으로 다양하게 진행되고 있는 상황이다.

표 4-12 공유경제 자동차 시장의 고급 및 이외에 해당하는 자동차 세분화 및 서비스

	특징적인 요소
휴대폰의 앱과 자동차 시장, 그리고 자동차 시장과 관련된 서비스업, 자동차 내에서도 고급과 이외의 차종	4차 산업혁명에 포함되는 산업들에는 여러 가지들이 있지만 공유경제 체제와 수송 관련하여 휴대폰의 앱과 자동차 시장, 그리고 자동차 시장과 관련된 서비스업 그리고 자동차 내에서도 고급과 이외의 차종 등으로 다양하게 진행되고 있는 상황이다.

그림 4-18 공유경제 자동차 시장의 고급 및 이외에 해당하는 자동차 세분화 및 서비스

공유경제

↓

수송 관련하여 휴대폰의 앱과 자동차 시장,

그리고 자동차 시장과 관련된 서비스업

자동차 내에서도 고급과

이외의 차종 등으로 다양하게 진행

세계 유수의 청량 음료수회사도 공유경제에 대하여 관심을 갖고 있으며 이에 따라 다양한 분야로 확산 가능성도 있다. 한편 인력과 관련된 공유경제에 있어서는 해당 인력이 전문가인지 어느 정도 숙련되어 있는 인력인지 등과 관련하여 세심한 주의도 필요하다고 판단된다.

표 4-13 인력의 숙련도 검증과 공유경제

	특징적인 요소
인력의 숙련도 검증과 공유경제	세계 유수의 청량 음료수회사도 공유경제에 대하여 관심을 갖고 있으며 이에 따라 다양한 분야로 확산 가능성도 있다. 한편 인력과 관련된 공유경제에 있어서는 해당 인력이 전문가인지 어느 정도 숙련되어 있는 인력인지 등과 관련하여 세심한 주의도 필요하다고 판단된다.

그림 4-19 인력의 숙련도 검증과 공유경제 체계

인력과 관련된 공유경제

↓

해당 인력이 전문가인지 아닌 정도 숙련되어 있는 인력인지
등과 관련하여 세심한 주의 필요

그림 4-20 국가 전체 시스템에서의 자원낭비 감소 효과와 공유 경제의 관계

공유경제에 있어서 다양한 물건들과 주택 공유경제 체제
등에서도 주의가 필요한 것이고
무엇보다 신뢰성이 공유경제의 성공에 있어서 가장 중요한 요소

↓

공유경제의 실천 가능성으로는
주택 내에 사용하고 있지 않는 공간과
차에 대하여 운행하고 있지 않을 때 등이며
이와 같은 것들은 국가 전체 시스템에서도 자원낭비를 줄이는 효과

↓

집에서 사용하는 도구들과 방송 및 음악관련
소비 등 다양한 형태들로 전개

이는 공유경제에 있어서 다양한 물건들과 주택 공유경제 체제 등에서도 주의가 필요한 것이고 무엇보다 신뢰성이 공유경제의 성공에 있어서 가장 중요한 요소가 되기도 한다. 공유경제의 실천 가능성으로는 주택 내에 사용하고 있지 않는

공간과 차에 대하여 운행하고 있지 않을 때 등이며 이와 같은 것들은 국가 전체 시스템에서도 자원낭비를 줄이는 효과를 갖게 될 수 있다. 이는 집에서 사용하는 도구들과 방송 및 음악관련 소비 등 다양한 형태들로 전개될 수도 있다.

표 4-14 국가 전체 시스템에서의 자원낭비 감소 효과와 공유 경제

	특징적인 요소
국가 전체 시스템에서의 자원낭비 감소 효과와 공유 경제	공유경제에 있어서 다양한 물건들과 주택 공유경제 체제 등에서도 주의가 필요한 것이고 무엇보다 신뢰성이 공유경제의 성공에 있어서 가장 중요한 요소가 되기도 한다. 공유경제의 실천 가능성으로는 주택 내에 사용하고 있지 않는 공간과 차에 대하여 운행하고 있지 않을 때 등이며 이와 같은 것들은 국가 전체 시스템에서도 자원낭비를 줄이는 효과를 갖게 될 수 있다. 이는 집에서 사용하는 도구들과 방송 및 음악관련 소비 등 다양한 형태들로 전개될 수도 있다.

연습문제 4

1. 암호화폐의 경우 스테이블코인의 개발과 관련된 활성화와 가치의 안정성에 대하여 설명하시오.

정답

	특징적인 요소
암호화폐의 경우 스테이블코인의 개발과 관련된 활성화와 가치의 안정성	한국경제의 4차 산업혁명 분야 중에서 암호화폐의 경우 스테이블코인의 개발과 관련된 활성화의 측면이 두드러지고 있다. 이는 가치의 안정성과 관련된 것이다. 이는 가상화폐 분야와 관련하여 시장에서 아직 확실한 신뢰성이 미국을 비롯하여 회복하지 못하고 있다는 가정에서 볼 때, 한국의 경우 블록체인과 관련하여서는 성장가능성에 있어서 긍정적으로 보고 있는 측면을 잘 살펴보아야 한다.
	이와 같은 안정적인 성장이 가능한 토대의 제공들이 확실하게 이어져야 블록체인만에 의한 가치체계가 확립되게 되고 서비스에 의한 대중성이 확보될 것으로 시장에서는 판단하고 있다.

2. 경제의 안정화와 재정정책에 대하여 설명하시오.

정답

	특징적인 요소
경제의 안정화와 재정정책	차세대에 대한 투자 산업도 중요하고 현재 시급한 현안인 저출산과 고령화에 대한 해결을 비롯한 한국과 일본의 무역관련 마찰 등을 해소하고 경제의 안정화를 위하여 정부에 의한 재정정책이 잘 집행되고 이는 정부부문에 의한 투자와 소비의 활성화 등이 이루어져 나가야 한다고 한편의 시장전문가들은 판단하고 있기도 한다.

3. 재정의 경우에 있어서 일본과 미국 수입의 비율측면에 대하여 설명하시오.

정답

	특징적인 요소
재정의 경우에 있어서 일본과 미국 수입의 비율측면	재정의 경우 일본과 미국 모두 수입의 비율측면에서 늘어날 것으로 시장에서는 보고 있다. 이는 경제의 안정화와 활성화가 결국 재정분야에 있어서 수입을 늘어나게 하는 경제 선순환 구조로 보는 한편의 시장전문가들의 판단이기도 하다.

4. 동남아시아시장을 비롯한 이머징마켓과 한국의 무역 전략에 대하여 설명하시오.

정답

	특징적인 요소
동남아시아시장을 비롯한 이머징마켓과 한국의 무역 전략	4차 산업혁명 분야의 공유경제에서도 휴대폰 서비스와 관련하여 발전해 나가고 있는 동남아시아시장을 비롯한 이머징마켓의 경우에 있어서는 한국과의 교역 간에 있어서 규모가 작긴 하지만 상호 간에 있어서 도움이 되는 수출확대 전략(win·win)이 필요하다고 보고 있는 상황이다.

5. 국내 물가와 경제의 관계에 대하여 설명하시오.

정답

	특징적인 요소
국내 물가와 경제의 관계	최근 국내 물가는 2019년 들어 국제적인 유가의 하락과 농산물의 가격 안정이 주요 특징으로 있다. 이는 국민들에게 있어서 물가하락은 경제안정을 위하여 필수불가결한 요소라는 것을 감안하면 좋은 현상이다. 하지만 일각에서 우려하고 있는 경기침체와 관련되어 있는지는 이어지는 소비자물가의 동향을 비롯한 각종 지표들을 참조해야 한다는 주장도 있는 상황이기도 하다.

6. 처음 게임과 관련된 이론과 만족감(효용, utility), 의사결정(decision making)에 대하여 설명하시오.

정답

	특징적인 요소
처음 게임과 관련된 이론과 만족감(효용,	처음 게임과 관련된 이론은 수학적인 방법으로의 설명으로 인하여 전략적이며 합리성을 지니는 전통적인 게임양상으로 인간들이 참여하게 되는 상황(state)을 제시하였다. 이는 게임에 참여하는 선수들이 선택과 관련된 만족감

utility) 및 의사결정(decision making)	(효용, utility)이 보수형태로 자신들에게 주어지게 되는 것을 상정하는 비협력적 모형인 게임형태였다. 즉 게임에 대하여 참여한 선수들이 서로 간에 있어서 전혀 협력적인 태도를 보이지 않는 채 의사결정(decision making)을 하는 체계들로 하여 설명하려고 한 것이다.

7. 진화에 의한 의미로서 해석하고 적용하여 나가는 게임에 대하여 설명하시오.

정답

	특징적인 요소
진화에 의한 의미로서 해석하고 적용하여 나가는 게임	처음 게임과 관련된 이론의 체계들을 통하여 생물학적인 토대로 하여 진화에 의한 의미로서 해석하고 적용하여 나가는 게임이 생기게 되었다. 이는 생존과 관련된 것으로 유전자에 있어서의 경쟁 체제에 대하여 수학적인 모형으로 정립한 것이다.
	이와 같은 게임 이론적 접근이 중요한 것은 합리적이라는 인간의 사상과 함께 시시각각으로 변화하는 대내외 경제에서의 인간의 선택의 행태와 예측 및 기업단위 및 개인의 대처 방안과 이윤추구 등을 얻을 수 있기 때문이다.

8. 신규 아파트와 분양가에 대한 상한제도의 확대에 대하여 설명하시오.

정답

	특징적인 요소
신규 아파트와 분양가에 대한 상한제도의 확대	부동산 중에서 주택시장을 살펴보면 2019년 중순 들어 시장에서의 판단은 서울지역에 있어서 주요지역은 당분간 안정적인 흐름이 유지될 것으로 대체적으로 보고 있다. 신규 아파트를 중심으로 하여 분양가에 대한 상한제도가 확대되면서 가격의 움직임이 가장 눈여겨 보아야 할 부분이라고 이들은 지적하고 있다.

9. 세계적인 저금리 추세와 해외 부동산투자에 대하여 설명하시오.

정답

	특징적인 요소
세계적인 저금리 추세와 해외 부동산투자	미국을 비롯한 세계적인 저금리 추세가 확산되면서 한국에 있어서 해외의 부동산투자와 관련하여 주목을 받고 있다고 시장에서는 내다보고 있다. 이는 투자수익률 측면도 고려된 것이다. 저금리는 풍부한 유동성을 의미하는 데 부동산과 관련된 실물투자가 유망할지 아니면 주식과 같은 금융자산에 대한 투자가 유망할지에 대하여 판단해 보아야 한다.

10. 홍콩을 포함한 다른 국가들에 있어서의 아파트 가격과 부동산 가격에 대하여 설명하시오.

정답

	특징적인 요소
홍콩을 포함한 다른 국가들에 있어서의 아파트 가격과 부동산 가격	한국과 비슷한 경제규모를 가진 비슷한 환경의 홍콩을 포함한 다른 국가들에 있어서의 상대적인 아파트 가격과 부동산 가격도 점검해 보아야 한다고 일각의 시장전문가들은 주장하고 있기도 하다.

11. 인구와 부동산, 아파트 등의 자산 가격 및 일본과 홍콩, 싱가포르 부동산가격에 대하여 설명하시오.

정답

	특징적인 요소
인구와 부동산과 아파트 등의 자산 가격 및 일본과 홍콩을 비롯한 싱가포르 부동산가격	일본과 홍콩을 비롯하여 싱가포르 등 세계 지도상에서 부유한 나라에 포함되는 국가들에 있어서의 인구와 부동산과 아파트 등의 자산 가격 및 이들 자산 가격이 한국보다 상대적으로 비싼지 그렇지 않은지도 잘 살펴보아야 하는 측면도 있다는 것이다.

12. 공유경제 자동차 시장의 고급 및 이외에 해당하는 자동차 세분화 및 서비스에 대하여 설명하시오.

정답

	특징적인 요소
휴대폰의 앱과 자동차 시장, 그리고 자동차 시장과 관련된 서비스업, 자동차 내에서도 고급과 이외의 차종	4차 산업혁명에 포함되는 산업들에는 여러 가지들이 있지만 공유경제 체제와 관련하여 수송 관련하여 휴대폰의 앱과 자동차 시장, 그리고 자동차 시장과 관련된 서비스업 그리고 자동차 내에서도 고급과 이외의 차종 등으로 다양하게 진행되고 있는 상황이다.

13. 인력의 숙련도 검증과 공유경제에 대하여 설명하시오.

정답

	특징적인 요소
인력의 숙련도 검증과 공유경제	세계 유수의 청량 음료수회사도 공유경제에 대하여 관심을 갖고 있으며 이에 따라 다양한 분야로 확산 가능성도 있다. 한편 인력과 관련된 공유경제에 있어서는 해당 인력이 전문가인지 어느 정도 숙련되어 있는 인력인지 등과 관련하여 세심한 주의도 필요하다고 판단된다.

14. 국가 전체 시스템에서의 자원낭비 감소 효과와 공유 경제에 대하여 설명하시오.

정답

	특징적인 요소
국가 전체 시스템에서의 자원낭비 감소 효과와 공유 경제	공유경제에 있어서 다양한 물건들과 주택 공유경제 체제 등에서도 주의가 필요한 것이고 무엇보다 신뢰성이 공유경제의 성공에 있어서 가장 중요한 요소가 되기도 한다. 공유경제의 실천 가능성으로는 주택 내에 사용하고 있지 않는 공간과 차에 대하여 운행하고 있지 않을 때 등이며 이와 같은 것들은 국가 전체 시스템에서도 자원낭비를 줄이는 효과를 갖게 될 수 있다. 이는 집에서 사용하는 도구들과 방송 및 음악관련 소비 등 다양한 형태들로 전개될 수도 있다.

제3편

세계 최고 부자의
경제관과 국내외
부동산관련 투자의 게임

제5장　　　　　　　　　　　세계 최고 부자의
경제·경영관과 재테크 투자 게임

제1절　진화론적인 경제 게임과 부동산관련 투자 상품

전국 제조업 신규수주실적(2019년 4월부터 2019년 8월까지)

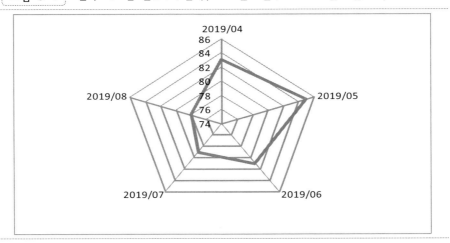

<그림 5-1>은 전국 제조업 신규수주실적(2019년 4월부터 2019년 8월까지)의 동향이다. 이 데이터들은 한국은행(BANK OF KOREA)의 홈페이지에 나와 있는 경제통계시스템을 이용하여 얻은 것이다. 2019년 4월부터 2019년 8월까지의 전국실적 제조업 신규수주실적을 살펴보면 2019년 5월까지 상승한 이후 2019년 8월까지 지속적인 하락 추세를 보인 것을 알 수 있다.

그림 5-2 　전국 제조업 제품재고실적(2019년 4월부터 2019년 8월까지)

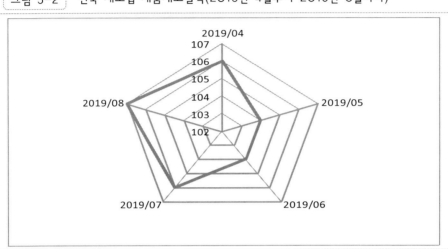

<그림 5-2>는 전국 제조업 제품재고실적(2019년 4월부터 2019년 8월까지)의 동향이다. 이 데이터들은 한국은행(BANK OF KOREA)의 홈페이지에 나와 있는 경제통계시스템을 이용하여 얻은 것이다. 2019년 4월부터 2019년 8월까지의 전국실적 제조업 제품재고실적을 살펴보면 2019년 6월까지 하락 추세를 보인 후 2019년 7월부터 상승 추세를 나타낸 것을 알 수 있다.

일반적으로 국가 단위에 있어서도 재고지수가 증가하게 되면 경기 침체의 신호로 받아들이기 때문에 지속적인 상승 추세에 놓이게 되는지 잘 관찰해 나가야 한다는 것이 시장전문가들의 주장이기도 하다.

<그림 5-3>은 전국 제조업 생산설비실적(2019년 4월부터 2019년 8월까지)의 동향이다. 이 데이터들은 한국은행(BANK OF KOREA)의 홈페이지에 나와 있는 경제통계시스템을 이용하여 얻은 것이다.

2019년 4월부터 2019년 8월까지의 전국실적 제조업 생산설비실적을 살펴보면 2019년 5월에 하락 추세 후 6월 들어 반등한 후 7월 들어 다시 하락세로 반전한 후 8월 들어 상승하는 추세를 보였다. 이에 따라 수출과 투자 등이 활력을 되찾아 경제의 선순환 구조를 가져갈 수 있도록 노력해야 한다는 것이 시장전문가들의 의견이기도 하다.

대외 여건을 살펴보면 2019년 9월 중순 들어 영국이 브렉시트에 대하여 원하는 모습을 추구하는 점과 독일 경제의 침체 국면 우려가 서구 유럽에서 추가적인 변수들로써 작용하는 모습이다.

대내적으로도 앞서 지적한 바와 같이 수출을 비롯하여 소비 촉진과 같은 정책적 추구가 경제 주체들에서의 노력으로 이어지고 있다. 이것에 있어서는 금융권을 비롯하여 각계의 노력으로 진전을 이룰 수 있도록 하는 노력의 양상으로 이어질 수 있는 방안이 강구되고 있다.

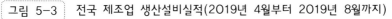

그림 5-3   전국 제조업 생산설비실적(2019년 4월부터 2019년 8월까지)

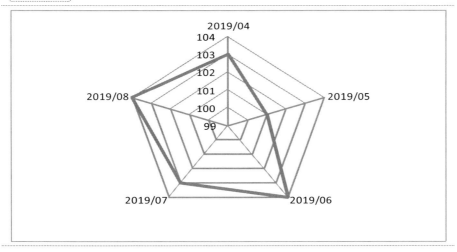

그림 5-4 전국 제조업 설비투자실적(2019년 4월부터 2019년 8월까지)

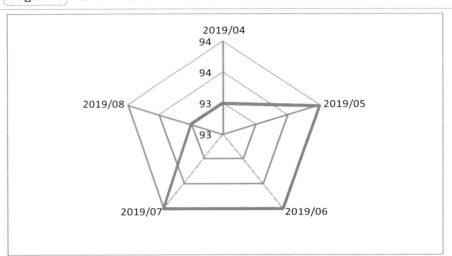

<그림 5-4>는 전국 제조업 설비투자실적(2019년 4월부터 2019년 8월까지)의 동향이다. 이 데이터들은 한국은행(BANK OF KOREA)의 홈페이지에 나와 있는 경제통계시스템을 이용하여 얻은 것이다.

2019년 4월부터 2019년 8월까지의 전국실적 제조업 설비투자실적을 살펴보면 2019년 5월에 상승 추세를 보인 후 7월까지 보합세를 나타내고 8월 들어 소폭 하락한 것으로 나타났다.

한편 일본의 경우에 2019년 4월부터 6월까지의 제조업의 설비투자부문에서 감소한 것으로 나타났는데 이는 세계에서의 경기하락 현상과 미국과 중국의 무역분쟁의 장기적인 진행 등이 영향을 준 것으로 파악되고 있다.

그림 5-5 전국 제조업 채산성실적(2019년 4월부터 2019년 8월까지)

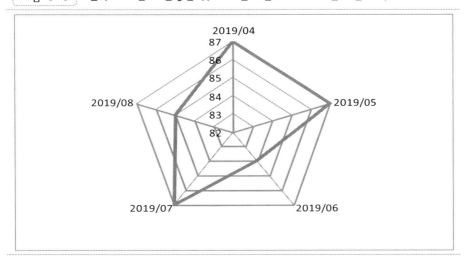

<그림 5-5>는 전국 제조업 채산성실적(2019년 4월부터 2019년 8월까지)의 동향이다. 이 데이터들은 한국은행(BANK OF KOREA)의 홈페이지에 나와 있는 경제통계시스템을 이용하여 얻은 것이다.

2019년 4월부터 2019년 8월까지의 전국실적 제조업 채산성실적을 살펴보면 2019년 5월까지 보합세를 보인 이후 6월 들어 하락 추세로 되었고 이후 7월에는 반등하였다가 8월 들어 다시 하락 추세를 나타낸 것을 알 수 있다.

한국 제조업의 업황이 2019년 8월까지로 살펴볼 때 개선되지 않은 것으로 나타나서 체감의 경기에 대한 선순환 구조가 정착될 수 있도록 금융 및 재정정책 등이 중요할 것으로 일각에서는 판단하고 있기도 하다.

그림 5-6 전국 제조업 원자재구입가격실적(2019년 4월부터 2019년 8월까지)

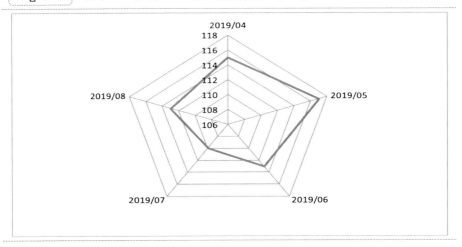

<그림 5-6>은 전국 제조업 원자재구입가격실적(2019년 4월부터 2019년 8월까지)의 동향이다. 이 데이터들은 한국은행(BANK OF KOREA)의 홈페이지에 나와 있는 경제통계시스템을 이용하여 얻은 것이다.

2019년 4월부터 2019년 8월까지의 전국실적 제조업 원자재구입가격실적을 살펴보면 2019년 5월까지 상승 추세를 보인 이후 7월 들어 하락 추세로 반전되었고 다시 8월 들어서는 상승한 것으로 나타났다.

그림 5-7   전국 제조업 제품판매가격실적(2019년 4월부터 2019년 8월까지)

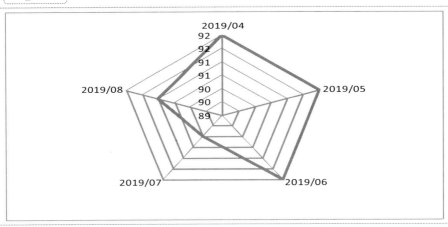

<그림 5-7>은 전국 제조업 제품판매가격실적(2019년 4월부터 2019년 8월까지)의 동향이다. 이 데이터들은 한국은행(BANK OF KOREA)의 홈페이지에 나와 있는 경제통계시스템을 이용하여 얻은 것이다.

2019년 4월부터 2019년 8월까지의 전국실적 제조업 제품판매가격실적을 살펴보면 2019년 6월까지 보합 추세를 보인 이후 7월 들어 하락 추세로 반전되었고 다시 8월 들어서는 상승한 것으로 나타났다.

<그림 5-8>은 전국 제조업 자금사정실적(2019년 4월부터 2019년 8월까지)의 동향이다. 이 데이터들은 한국은행(BANK OF KOREA)의 홈페이지에 나와 있는 경제통계시스템을 이용하여 얻은 것이다.

2019년 4월부터 2019년 8월까지의 전국실적 제조업 자금사정실적을 살펴보면 2019년 5월까지 보합 추세를 보인 이후 6월 들어 상승 추세를 나타내었고 7월 이후 들어 하락 반전한 것으로 나타났다.

자금사정의 경우 대외경제 여건이 안정되어야 해외에서의 자금조달이 원활해질 수 있는데 세계경기의 불확실성 등이 현재 변수로 작용하고 있는 것을 알 수 있다. 국내의 경우에 있어서도 대기업과 중소기업 모두에서 안정적인 성장이 필수적인 것으로 시장전문가들은 판단하고 있다.

그림 5-8   전국 제조업 자금사정실적(2019년 4월부터 2019년 8월까지)

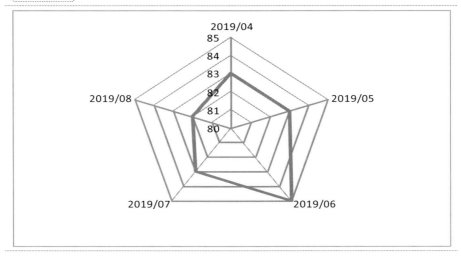

그림 5-9 전국 제조업 인력사정실적(2019년 4월부터 2019년 8월까지)

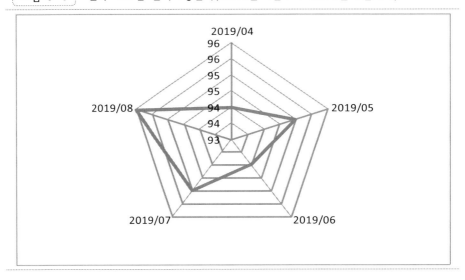

<그림 5-9>는 전국 제조업 인력사정실적(2019년 4월부터 2019년 8월까지)의 동향이다. 이 데이터들은 한국은행(BANK OF KOREA)의 홈페이지에 나와 있는 경제통계시스템을 이용하여 얻은 것이다. 2019년 4월부터 2019년 8월까지의 전국 실적 제조업 인력사정실적을 살펴보면 2019년 5월까지 상승한 후 6월 들어 하락하였고 다시 7월 이후에는 상승한 것으로 나타났다.

달러가 기축통화의 역할을 담당하게 되고 이에 근간을 둔 경제시스템의 안정으로 세계가 실물시장 및 금융시장에 있어서 연계되어 있다. 한국은 IMF에 의한 긴급융자를 받은 통화위기를 겪고 난 이후 무역을 비롯하여 발전 양상을 지속해 왔다.

표 5-1 달러의 기축통화와 실물시장 및 금융시장

	특징적인 요소
달러의 기축통화와 실물시장 및 금융시장	달러가 기축통화의 역할을 담당하게 되고 이에 근간을 둔 경제시스템의 안정으로 세계가 실물시장 및 금융시장에 있어서 연계되어 있다. 한국은 IMF에 의한 긴급융자를 받은 통화위기를 겪고 난 이후 무역을 비롯하여 발전 양상을 지속해 왔다.

그림 5-10 달러의 기축통화와 실물시장 및 금융시장

달러의 기축통화 역할 담당

↓

이에 근간을 둔 경제시스템의 안정으로

세계가 실물시장 및 금융시장에 있어서 연계

여기에는 수출지향적인 한국의 경제체제도 그동안 도움이 되었고 최근 미국을 중심으로 하는 경기호황도 긍정적인 영향을 미치고 있다. 따라서 대내외적인 경제 안정이 무엇보다 중요할 것으로 판단된다.

달러의 기축통화와 미국을 중심으로 세계 경제의 질서는 완전고용 및 균형적인 가격유지를 위한 재정 및 통화정책을 실시하고 있다. 무엇보다 이와 같은 균형 시스템이 잘 작동되도록 하여야 하는 것이 경제 주체들에게 필요한 노력부분이기도 하다.

표 5-2 달러의 기축통화와 완전고용 및 균형적인 가격유지

	특징적인 요소
달러의 기축통화와 완전고용 및 균형적인 가격유지를 위한 정책	달러의 기축통화와 미국을 중심으로 세계 경제의 질서는 완전고용 및 균형적인 가격유지를 위한 재정 및 통화정책을 실시하고 있다. 무엇보다 이와 같은 균형 시스템이 잘 작동되도록 하여야 하는 것이 경제 주체들에게 필요한 노력부분이기도 하다.

그림 5-11 달러의 기축통화와 완전고용 및 균형적인 가격유지를 위한 정책

달러의 기축통화와 미국 중심 세계 경제의 질서

↓

완전고용 및 균형적인 가격유지를 위한

재정 및 통화정책을 실시

진화론의 생물학에 근거한 현실 경제로의 접목은 당면한 환경 체계에서 적합한 응용력을 배가시키고 보다 적합성을 지니는 유전자에 의하여 번식이 강화되는

특성을 적용시킨다. 이는 현실 경제에서 보다 높은 경쟁이 어떻게 모형화로 이루어질 수 있느냐와 관련된 게임의 형태이다.[7]

표 5-3   진화론의 생물학에 근거한 현실 경제 접목 게임의 형태

	특징적인 요소
진화론의 생물학에 근거한 현실 경제 접목 게임의 형태	진화론의 생물학에 근거한 현실 경제로의 접목은 당면한 환경 체계에서 적합한 응용력을 배가시키고 보다 적합성을 지니는 유전자에 의하여 번식이 강화되는 특성을 적용시킨다. 이는 현실 경제에서 보다 높은 경쟁이 어떻게 모형화로 이루어질 수 있느냐와 관련된 게임의 형태이다.

그림 5-12   진화론의 생물학에 근거한 현실 경제 접목 게임 형태의 체계

진화론의 생물학에 근거한 현실 경제로의 접목

↓

당면한 환경 체계에서 적합한 응용력을 배가시키고

보다 적합성을 지니는 유전자에 의하여

번식이 강화되는 특성을 적용

↓

현실 경제에서 보다 높은 경쟁이

어떻게 모형화로 이루어질 수 있느냐와

관련된 게임의 형태

이와 같은 현실 경제에서 대내외 무한 경쟁시대에 돌입한 한가운데에 있어서 부동산에 대한 투자와 관련된 정책변화는 무엇일까? 2019년 9월 중순에 들어 2020년부터 부동산관련 펀드 또는 리츠(공모)에 투자할 경우 개인에 대하여 저세율과 분리과세의 방안이 진행되고 있다.

---

7) Guyon, L., Gunn, S., Nikravesh, M., and Zadeh, L. A.(2006), Feature Extraction: foun-dations and applications, Springer-Verlag New York, Inc., Secaucus, NJ. USA

| 표 5-4 | 2020년부터의 투자관련 부동산관련 상품 |

	특징적인 요소
2020년부터의 투자관련 부동산관련 상품	현실 경제에서 대내외 무한 경쟁시대에 돌입한 한가운데에 있어서 부동산에 대한 투자와 관련된 정책변화는 무엇일까? 2019년 9월 중순에 들어 2020년부터 부동산관련 펀드 또는 리츠(공모)에 투자할 경우 개인에 대하여 저세율과 분리과세의 방안이 진행되고 있다.

| 그림 5-13 | 2020년부터의 투자관련 부동산관련 상품 |

2020년부터 부동산관련 펀드
또는 리츠(공모)에 투자

↓

저 세율과 분리과세의 방안이 진행

제2절 세계 최고 부자의 경제관과 게임의 전개과정

최후의 의사전달과 관련된 게임에 있어서 시장이 원활하게 작동이 되려면 현실 세계의 반복게임을 염두에 두면 상대방과 공평하게 이윤을 나누어 갖는 것이 된다. 이는 현재 당면하고 있는 세계 무역에 있어서의 마찰의 해결에서도 잘 생각하고 판단해 두어야 하는 측면이 있다.

| 표 5-5 | 최후의 의사전달과 관련된 게임과 현실 세계의 반복게임 |

	특징적인 요소
최후의 의사전달과 관련된 게임과 현실 세계의 반복게임	최후의 의사전달과 관련된 게임에 있어서 시장이 원활하게 작동이 되려면 현실 세계의 반복게임을 염두에 두면 상대방과 공평하게 이윤을 나누어 갖는 것이 된다. 이는 현재 당면하고 있는 세계 무역에 있어서의 마찰의 해결에서도 잘 생각하고 판단해 두어야 하는 측면이 있다.

그림 5-14 │ 최후의 의사전달과 관련된 게임과 현실 세계의 반복게임

최후의 의사전달과 관련된 게임

↓

시장이 원활하게 작동이 되려면

현실 세계의 반복게임을 염두에 두면

상대방과 공평하게 이윤을 나누어 갖는 것임

죄수의 게임에서와 같이 현실 경제에 대하여 단순화시킨 게임에서는 보통 두 명의 경기자와 두 가지 전략, 그리고 성과와 관련된 보수형태가 있게 된다. 죄수의 게임에서는 형량이 작아지는 것이 성과와 관련된 보수형태로 판단된다. 그리고 합리적인 의사결정에 따라 지배적인 전략이 존재할 수도 있는데 각기 다른 경기자들은 서로 최고의 의사선택을 하게 된다는 가정을 갖고 있다.

표 5-6 │ 죄수의 게임과 서로 간의 최고의 의사선택

	특징적인 요소
죄수의 게임과 서로 간의 최고의 의사선택	죄수의 게임에서와 같이 현실 경제에 대하여 단순화시킨 게임에서는 보통 두 명의 경기자와 두 가지 전략, 그리고 성과와 관련된 보수형태가 있게 된다. 죄수의 게임에서는 형량이 작아지는 것이 성과와 관련된 보수형태로 판단된다. 그리고 합리적인 의사결정에 따라 지배적인 전략이 존재할 수도 있는데 각기 다른 경기자들은 서로 최고의 의사선택을 하게 된다는 가정을 갖고 있다.

그림 5-15 죄수의 게임과 서로 간의 최고 의사선택의 체계

죄수의 게임

↓

현실 경제에 대하여 단순화시킨 게임에서는

보통 두 명의 경기자와 두 가지 전략

그리고 성과와 관련된 보수형태가 있게 됨

↓

죄수의 게임에서는 형량이 작아지는 것이

성과와 관련된 보수형태로 판단

↓

합리적인 의사결정에 따라

지배적인 전략이 존재할 수도 있는데

각기 다른 경기자들은 서로 최고의 의사선택을

하게 된다는 가정

이와 같은 상대방과의 거래에 따른 최선의 선택도 중요하지만 세계 최고 부자의 철학의 이면을 들여다보면 사업에 대하여 혁신적이며 비약적인 방식으로 접근하고 있다. 그리고 4차 산업혁명시대에 맞게 인터넷을 통한 사업 및 소매 산업을 통하여 경기와 상관이 없는 확실한 수요층을 확보하고 있다는 점이다.

표 5-7   세계 최고 부자의 철학 : 혁신적이며 비약적인 방식으로 접근

	특징적인 요소
세계 최고 부자의 철학 : 혁신적이며 비약적인 방식으로 접근	상대방과의 거래에 따른 최선의 선택도 중요하지만 세계 최고 부자의 철학의 이면을 들여다보면 사업에 대하여 혁신적이며 비약적인 방식으로 접근하고 있다. 그리고 4차 산업혁명시대에 맞게 인터넷을 통한 사업 및 소매 산업을 통하여 경기와 상관이 없는 확실한 수요층을 확보하고 있다는 점이다.

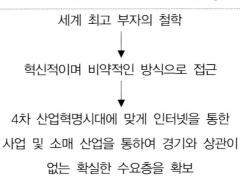

| 그림 5-16 | 세계 최고 부자의 철학 : 혁신적이며 비약적인 방식으로 접근 |

세계 최고 부자의 철학

↓

혁신적이며 비약적인 방식으로 접근

↓

4차 산업혁명시대에 맞게 인터넷을 통한
사업 및 소매 산업을 통하여 경기와 상관이
없는 확실한 수요층을 확보

| 표 5-8 | 게임의 전개과정 |

		경기자c			
		ce		gk	
경기자a	aa	6	8	7	10
	ab	6	1	6	6

<표 5-8>에는 게임의 전개과정이 나타나 있다. 여기서 경기자a가 aa의 행을 선택하게 되면 경기자c는 gk의 열을 선택하게 된다. 즉 두 명의 경기자와 각각 두 가지 전략이 존재할 경우에 있어서의 형태이다. 여기서 반복게임의 형태를 비롯하여 혼합적 전략 등 다양한 형태로 변형시켜서 현실 경제의 게임을 해석해 나갈 수 있다.

<그림 5-17>은 전산업생산지수(농림어업제외) 원계열(2019년 3월부터 2019년 7월까지, 단위 2015＝100)의 동향이다. 이 데이터들은 한국은행(BANK OF KOREA)의 홈페이지에 나와 있는 경제통계시스템을 이용하여 얻은 것이다.

2019년 3월부터 2019년 7월까지의 전산업생산지수(농림어업제외) 원계열을 살펴보면 2019년 4월까지 하락한 후 6월까지 상승 반전하고 다시 7월 들어 하락 반전한 것을 알 수 있다.

제조업의 생산능력과 관련된 지수가 1년 정도 연속적인 감소를 보이고 있는 것으로 시장에 알려지고 있어서 경기침체가 장기화되는 것인지 잘 살펴보아야 한다는 언급들이 나오고 있는 상황이기도 하다.

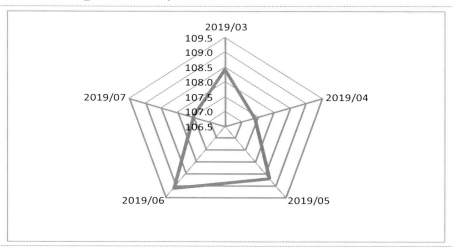

그림 5-17 전산업생산지수(농림어업제외) 원계열(2019년 3월부터 2019년 7월까지, 단위 2015=100)

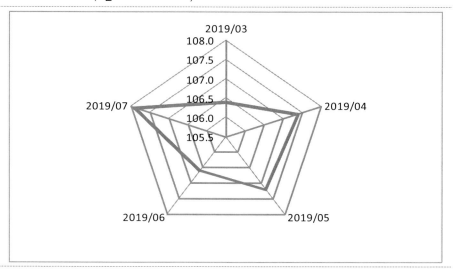

그림 5-18 전산업생산지수(농림어업제외) 계절조정(2019년 3월부터 2019년 7월까지, 단위 2015=100)

<그림 5-18>은 전산업생산지수(농림어업제외) 계절조정(2019년 3월부터 2019년 7월까지, 단위 2015=100)의 동향이다. 이 데이터들은 한국은행(BANK OF KOREA)의 홈페이지에 나와 있는 경제통계시스템을 이용하여 얻은 것이다.

2019년 3월부터 2019년 7월까지의 전산업생산지수(농림어업제외) 계절조정을 살펴보면 2019년 4월까지 상승한 후 6월까지 하락하였다가 7월 들어 상승 반전한 것을 알 수 있다. 이와 같이 7월 들어 투자와 생산이 증가한 것으로 나타났다.

그림 5-19 전산업생산지수(농림어업제외) 광공업 원계열(2019년 3월부터 2019년 7월까지, 단위 2015=100)

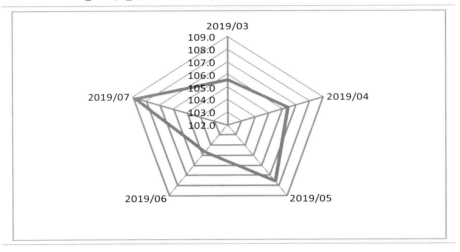

<그림 5-19>는 전산업생산지수(농림어업제외) 광공업 원계열(2019년 3월부터 2019년 7월까지, 단위 2015=100)의 동향이다. 이 데이터들은 한국은행(BANK OF KOREA)의 홈페이지에 나와 있는 경제통계시스템을 이용하여 얻은 것이다.

2019년 3월부터 2019년 7월까지의 전산업생산지수(농림어업제외) 광공업 원계열을 살펴보면 2019년 5월까지 상승한 후 6월까지 하락하였다가 7월 들어 상승 반전한 것을 알 수 있다. 앞서 언급한 바와 같이 7월의 경우 투자와 생산의 증가세와 함께 광공업생산부문에서 증가로 인하여 산업생산이 늘어난 것으로 파악되고 있다.

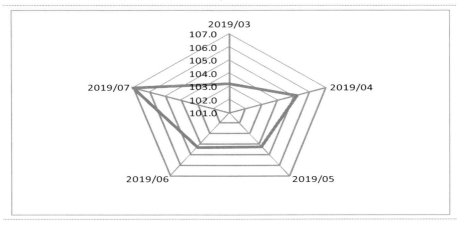

그림 5-20 전산업생산지수(농림어업제외) 광공업 계절조정(2019년 3월부터 2019년 7월까지, 단위 2015=100)

<그림 5-20>은 전산업생산지수(농림어업제외) 광공업 계절조정(2019년 3월부터 2019년 7월까지, 단위 2015=100)의 동향이다. 이 데이터들은 한국은행(BANK OF KOREA)의 홈페이지에 나와 있는 경제통계시스템을 이용하여 얻은 것이다.

2019년 3월부터 2019년 7월까지의 전산업생산지수(농림어업제외) 광공업 계절조정을 살펴보면 2019년 4월까지 상승한 후 5월 들어 하락 반전하였다가 6월 이후 들어 상승 반전한 것을 알 수 있다.

그림 5-21 전산업생산지수(농림어업제외) 건설업 원계열(2019년 3월부터 2019년 7월까지, 단위 2015=100)

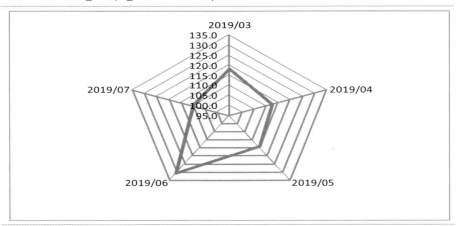

<그림 5-21>은 전산업생산지수(농림어업제외) 건설업 원계열(2019년 3월부터 2019년 7월까지, 단위 2015=100)의 동향이다. 이 데이터들은 한국은행(BANK OF KOREA)의 홈페이지에 나와 있는 경제통계시스템을 이용하여 얻은 것이다.

2019년 3월부터 2019년 7월까지의 전산업생산지수(농림어업제외) 건설업 원계열을 살펴보면 2019년 4월까지 하락한 후 6월까지 상승 반전한 이후 7월 들어 다시 하락한 것을 알 수 있다.

<그림 5-22>는 전산업생산지수(농림어업제외) 건설업 계절조정(2019년 3월부터 2019년 7월까지, 단위 2015=100)의 동향이다. 이 데이터들은 한국은행(BANK OF KOREA)의 홈페이지에 나와 있는 경제통계시스템을 이용하여 얻은 것이다.

2019년 3월부터 2019년 7월까지의 전산업생산지수(농림어업제외) 건설업 계절조정을 살펴보면 2019년 5월까지 하락한 후 6월 들어 상승 반전한 이후 다시 7월 들어 하락한 것을 알 수 있다.

국가 단위로 살펴볼 때 투자와 관련하여서는 설비투자와 건설투자가 가장 크게 대별된다. 이는 건설투자의 경우에 있어서도 경기 안정화에 가장 중요한 요소라는 것이다. 현재와 같은 대내외 경제의 불확실성이 증대될 때에 있어서 특히 중요한 요소라고 볼 수 있다.

부동산 경기와도 밀접한 건설부문의 경우 경제학적으로 경기변동이 현실 경제 체제에 있어서 비교적 늦게 이루어지는지 파악해 볼 필요가 있다. 결국 한국경제의 안정적인 성장이 이루어져야 소득 증대와 임금 상승 등으로 인한 소비 증대로 경제 선순환 구조를 가져 올 수 있다고 시장에서는 판단하고 있다.

| 그림 5-22 | 전산업생산지수(농림어업제외) 건설업 계절조정(2019년 3월부터 2019년 7월까지, 단위 2015=100) |

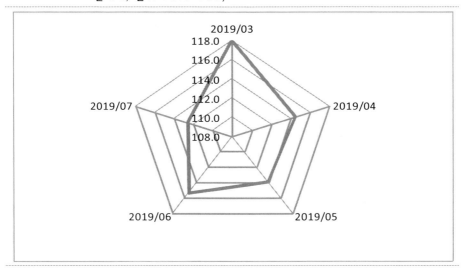

2019년 8월의 경우 취업자의 수가 최대의 증가에 의하여 고용시장을 통한 회복 추세가 분명해지고 있음을 알 수 있다. 이와 같은 것은 현 정부의 금융정책과 재정정책의 효과가 잘 나타난 것이다.

| 표 5-9 | 취업자 수의 증가 현상 |

	특징적인 요소
취업자 수의 증가 현상	2019년 8월의 경우 취업자의 수가 최대의 증가에 의하여 고용시장을 통한 회복 추세가 분명해지고 있음을 알 수 있다. 이와 같은 것은 현 정부의 금융정책과 재정정책의 효과가 잘 나타난 것이다.

| 그림 5-23 | 취업자 수의 증가 현상 |

금융정책과 재정정책의 효과

↓

취업자의 수가 최대의 증가에 의하여

고용시장을 통한 회복

연습문제 5

1. 달러의 기축통화와 실물시장 및 금융시장에 대하여 설명하시오.

정답

	특징적인 요소
달러의 기축통화와 실물시장 및 금융시장	달러가 기축통화의 역할을 담당하게 되고 이에 근간을 둔 경제시스템의 안정으로 세계가 실물시장 및 금융시장에 있어서 연계되어 있다. 한국은 IMF에 의한 긴급융자를 받은 통화위기를 겪고 난 이후 무역을 비롯하여 발전 양상을 지속해 왔다.

2. 달러의 기축통화와 완전고용 및 균형적인 가격유지를 위한 정책에 대하여 설명하시오.

정답

	특징적인 요소
달러의 기축통화와 완전고용 및 균형적인 가격유지를 위한 정책	달러의 기축통화와 미국을 중심으로 세계 경제의 질서는 완전고용 및 균형적인 가격유지를 위한 재정 및 통화정책을 실시하고 있다. 무엇보다 이와 같은 균형 시스템이 잘 작동되도록 하여야 하는 것이 경제 주체들에게 필요한 노력 부분이기도 하다.

3. 진화론의 생물학에 근거한 현실 경제 접목 게임의 형태에 대하여 설명하시오.

정답

	특징적인 요소
진화론의 생물학에 근거한 현실 경제 접목 게임의 형태	진화론의 생물학에 근거한 현실 경제로의 접목은 당면한 환경 체계에서 적합한 응용력을 배가시키고 보다 적합성을 지니는 유전자에 의하여 번식이 강화되는 특성을 적용시킨다. 이는 현실 경제에서 보다 높은 경쟁이 어떻게 모형화로 이루어질 수 있느냐와 관련된 게임의 형태이다.

4. 2020년부터의 투자관련 부동산관련 상품에 대하여 설명하시오.

정답

	특징적인 요소
2020년부터의 투자관련 부동산관련 상품	현실 경제에서 대내외 무한 경쟁시대에 돌입한 한가운데에 있어서 부동산에 대한 투자와 관련된 정책변화는 무엇일까? 2019년 9월 중순에 들어 2020년부터 부동산관련 펀드 또는 리츠(공모)에 투자할 경우 개인에 대하여 저세율과 분리과세의 방안이 진행되고 있다.

5. 최후의 의사전달과 관련된 게임과 현실 세계의 반복게임에 대하여 설명하시오.

정답

	특징적인 요소
최후의 의사전달과 관련된 게임과 현실 세계의 반복게임	최후의 의사전달과 관련된 게임에 있어서 시장이 원활하게 작동이 되려면 현실 세계의 반복게임을 염두에 두면 상대방과 공평히 이윤을 나누어 갖는 것이 된다. 이는 현재 당면하고 있는 세계 무역에 있어서의 마찰의 해결에서도 잘 생각하고 판단해 두어야 하는 측면이 있다.

6. 죄수의 게임과 서로 간의 최고의 의사선택에 대하여 설명하시오.

정답

	특징적인 요소
죄수의 게임과 서로 간의 최고의 의사선택	죄수의 게임에서와 같이 현실 경제에 대하여 단순화시킨 게임에서는 보통 두 명의 경기자와 두 가지 전략, 그리고 성과와 관련된 보수형태가 있게 된다. 죄수의 게임에서는 형량이 작아지는 것이 성과와 관련된 보수형태로 판단된다. 그리고 합리적인 의사결정에 따라 지배적인 전략이 존재할 수도 있는데 각기 다른 경기자들은 서로 최고의 의사선택을 하게 된다는 가정을 갖고 있다.

7. 세계 최고 부자의 철학 중 혁신적이며 비약적인 방식으로 접근에 대하여 설명하시오.

정답

	특징적인 요소
세계 최고 부자의 철학 : 혁신적이며 비약적인 방식으로 접근	상대방과의 거래에 따른 최선의 선택도 중요하지만 세계 최고 부자의 철학의 이면을 들여다보면 사업에 대하여 혁신적이며 비약적인 방식으로 접근하고 있다. 그리고 4차 산업혁명시대에 맞게 인터넷을 통한 사업 및 소매 산업을 통하여 경기와 상관이 없는 확실한 수요층을 확보하고 있다는 점이다.

8. 게임의 전개과정에 대하여 설명하시오.

정답

		경기자c			
		ce		gk	
경기자 a	aa	6	8	7	10
	ab	6	1	6	6

게임의 전개과정이 나타나 있는데, 여기서 경기자a가 aa의 행을 선택하게 되면 경기자c는 gk의 열을 선택하게 된다. 즉 두 명의 경기자와 각각 두 가지 전략이 존재할 경우에 있어서의 형태이다. 여기서 반복게임의 형태를 비롯하여 혼합적 전략 등 다양한 형태로 변형시켜서 현실 경제의 게임을 해석해 나갈 수 있다.

9. 취업자 수의 증가 현상에 대하여 설명하시오.

정답

	특징적인 요소
취업자 수의 증가 현상	2019년 8월의 경우 취업자의 수가 최대의 증가에 의하여 고용시장을 통한 회복 추세가 분명해지고 있음을 알 수 있다. 이와 같은 것은 현 정부의 금융정책과 재정정책의 효과가 잘 나타난 것이다.

제6장 　국내외 부동산관련 투자와 대·소기업의 게임

제1절　대·소기업의 게임, 협상 및 블록체인

　　4차 산업혁명 분야의 성공에 있어서 블록체인을 비롯한 다른 영역들에 있어서도 가장 중요한 요인은 공동작업 또는 협조라고 시장전문가들은 판단하고 있다. 이는 국가적인 차원에서 볼 때에 서로 간에 있어서 자원 낭비도 막을 수 있고 새로운 융합적인 산업이 탄생할 수도 있기 때문이다.

표 6-1	블록체인을 비롯한 영역들에 있어서 가장 중요한 요인 : 공동작업 또는 협조
	특징적인 요소
블록체인을 비롯한 다른 영역들에 있어서도 가장 중요한 요인 : 공동작업 또는 협조	4차 산업혁명 분야의 성공에 있어서 블록체인을 비롯한 다른 영역들에 있어서도 가장 중요한 요인은 공동작업 또는 협조라고 시장전문가들은 판단하고 있다. 이는 국가적인 차원에서 볼 때에 서로 간에 있어서 자원 낭비도 막을 수 있고 새로운 융합적인 산업이 탄생할 수도 있기 때문이다.

블록체인을 비롯한 영역들에 있어서 가장 중요한 요인 : 공동작업 또는 협조

블록체인을 비롯한 다른 영역들에

있어서 가장 중요한 요인

↓

공동작업 또는 협조

한국의 고용(employment) 부문에 있어서 2019년 8월에 상당히 증가한 것으로 나타났다. 이는 그동안 현 정부가 잘 추진했던 고용창출 효과가 긍정적으로 현실 경제에 나타난 결과로 판단된다.

표 6-2 한국의 고용 부문의 증가

	특징적인 요소
한국의 고용 부문의 증가	한국의 고용(employment) 부문에 있어서 2019년 8월에 상당히 증가한 것으로 나타났다. 이는 그동안 현 정부가 잘 추진했던 고용창출 효과가 긍정적으로 현실 경제에 나타난 결과로 판단된다.

그림 6-2 한국의 고용 부문의 증가

한국의 고용(employment) 부문

↓

2019년 8월에 상당히 증가

2019년 9월 중순 들어 산업단지(industry complex)의 용지를 공급할 때나 복합 환승의 센터와 역세권 등에 있어서 공공시설의 민간 사업자들을 선정할 경우 공 모형의 리츠상품 부동산에 대한 펀드에 의해 자금조달을 하는 사업자들에게 우선 권이 주어질 방안이 진행되고 있다.

표 6-3	공모형의 리츠상품 부동산에 대한 펀드에 의한 자금조달
	특징적인 요소
공모형의 리츠상품 부동산에 대한 펀드에 의한 자금조달	2019년 9월 중순 들어 산업단지(industry complex)의 용지를 공급할 때나 복합 환승의 센터와 역세권 등에 있어서 공공시설의 민간 사업자들을 선정할 경우 공모형의 리츠상품 부동산에 대한 펀드에 의해 자금조달을 하는 사업자들에게 우선권이 주어질 방안이 진행되고 있다.

그림 6-3   공모형의 리츠상품 부동산에 대한 펀드에 의한 자금조달의 현황

산업단지(industry complex)의 용지를 공급할 때나

복합 환승의 센터와 역세권 등에 있어서

공공시설의 민간 사업자들을 선정할 경우

↓

공모형의 리츠상품 부동산에 대한 펀드에 의해

자금조달을 하는 사업자들에게 우선권이 주어질

방안의 진행

대기업과 소기업의 게임을 살펴보면, 규모의 경제를 통하여 비용을 절감시킬 수 있음으로 인하여 경기자i와 경기자o는 상호 반복적 게임의 형태에서 대기업으로 되고자 노력하게 될 경우를 가정하면(다른 조건은 불변이라고 가정) 다음과 같은 대기업과 소기업의 게임 모형으로 관찰할 수 있다.[8]

표 6-4   대기업과 소기업의 게임

		경기자o		경기자o	
		소기업		대기업	
경기자i	소기업	7	7	2	10
	대기업	10	2	4	4

---

8) Olsson, J. O. S. and Oard, D. W.(2006), Combination Feature Selectors for Text Classification, In Proceedings of the 15th ACM International Conference on Information and Knowledge Management, Arlington, Virginia, USA.

<표 6-4>의 대기업과 소기업의 게임을 살펴보자. 경기자i가 소기업을 선택하거나 대기업을 선택하거나와 상관하지 않고 경기자o는 무조건 대기업을 선택하는 것이 유리하다. 숫자는 보수행렬의 보수체계이기 때문이다. 경기자o가 소기업을 선택하거나 대기업을 선택하거나와 상관하지 않고 경기자i는 무조건 대기업을 선택하는 것이 유리하게 된다.

최후 의사전달의 게임은 흥정과 협상을 통하는 대부분의 상거래에서 제공된다. 즉 기업의 파업을 하는 근로자와 이에 대한 기업 소유주의 협상형태, 급여와 관련하여 신규 취업희망자와 구인을 하는 회사의 관계 등 상거래의 경우 최후 의사전달의 게임형태로 진행될 수 있는 것이다. 반복게임을 하여도 서로 간의 흥정에서 실패할 경우 서로 간에 있어서 모두 손해를 볼 수도 있다.

표 6-5 ┃ 최후 의사전달의 게임과 흥정, 협상의 관계

	특징적인 요소
최후 의사전달의 게임과 흥정, 협상	최후 의사전달의 게임은 흥정과 협상을 통하는 대부분의 상거래에서 제공된다. 즉 기업의 파업을 하는 근로자와 이에 대한 기업 소유주의 협상형태, 급여와 관련하여 신규 취업희망자와 구인을 하는 회사의 관계 등 상거래의 경우 최후 의사전달의 게임형태로 진행될 수 있는 것이다. 반복게임을 하여도 서로 간의 흥정에서 실패할 경우 서로 간에 있어서 모두 손해를 볼 수도 있다.

그림 6-4 ┃ 최후 의사전달의 게임과 흥정, 협상의 관계도

최후 의사전달의 게임

↓

흥정과 협상을 통하는
대부분의 상거래에서 제공

↓

기업의 파업을 하는 근로자와 이에 대한
기업 소유주의 협상형태, 급여와 관련하여
신규 취업희망자와 구인을 하는 회사의
관계 등 상거래의 경우
최후 의사전달의 게임형태로 진행

그림 6-5 전산업생산지수(농림어업제외) 서비스업 원계열(2019년 3월부터 2019년 7월까지, 단위 2015=100)

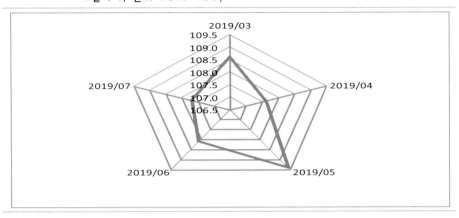

<그림 6-5>는 전산업생산지수(농림어업제외) 서비스업 원계열(2019년 3월부터 2019년 7월까지, 단위 2015=100)의 동향이다. 이 데이터들은 한국은행(BANK OF KOREA)의 홈페이지에 나와 있는 경제통계시스템을 이용하여 얻은 것이다.

2019년 3월부터 2019년 7월까지의 전산업생산지수(농림어업제외) 서비스업 원계열을 살펴보면 2019년 4월까지 하락한 후 5월 들어 상승 반전한 이후 7월까지 다시 하락한 것으로 나타났다.

그림 6-6 전산업생산지수(농림어업제외) 서비스업 계절조정(2019년 3월부터 2019년 7월까지, 단위 2015=100)

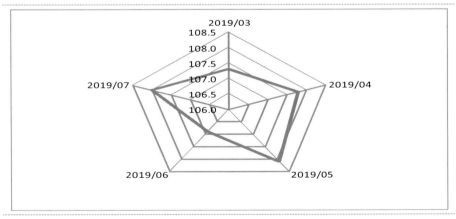

<그림 6-6>은 전산업생산지수(농림어업제외) 서비스업 계절조정(2019년 3월부터 2019년 7월까지, 단위 2015＝100)의 동향이다. 이 데이터들은 한국은행(BANK OF KOREA) 의 홈페이지에 나와 있는 경제통계시스템을 이용하여 얻은 것이다.

2019년 3월부터 2019년 7월까지의 전산업생산지수(농림어업제외) 서비스업 계 절조정을 살펴보면 2019년 5월까지 상승한 후 6월 들어 하락 반전한 이후 7월까 지 다시 상승한 것으로 나타났다.

<그림 6-7>은 전산업생산지수(농림어업제외) 공공행정 원계열(2019년 3월부터 2019년 7월까지, 단위 2015＝100)의 동향이다. 이 데이터들은 한국은행(BANK OF KOREA) 의 홈페이지에 나와 있는 경제통계시스템을 이용하여 얻은 것이다.

2019년 3월부터 2019년 7월까지의 전산업생산지수(농림어업제외) 공공행정 원 계열을 살펴보면 2019년 5월까지 하락한 후 6월 들어 상승 반전한 이후 7월까지 다시 하락한 것으로 나타났다.

2019년 8월과 같이 고용지표가 개선된 바와 같이 증가의 폭이 확대된다면 고 용의 증대와 이에 따른 임금 상승 그리고 소비 증가 등이 연이어 나타나서 결국 경제의 선순환 구조를 가져올 수 있는 것이다.

고용상황의 개선은 일자리 창출과도 연계되고 특히 청장년층에 이어 고령층의 일자리 창출이 늘어날 경우에 있어서 고령화 문제의 해결에 중요한 연결 고리의 역할을 할 수도 있는 것이다.

그림 6-7 　전산업생산지수(농림어업제외) 공공행정 원계열(2019년 3월부터 2019년 7월까지, 단위 2015=100)

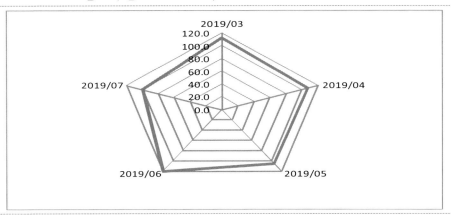

| 그림 6-8 | 전산업생산지수(농림어업제외) 공공행정 계절조정(2019년 3월부터 2019년 7월까지, 단위 2015=100) |

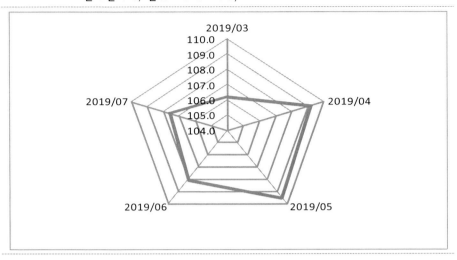

<그림 6-8>은 전산업생산지수(농림어업제외) 공공행정 계절조정(2019년 3월부터 2019년 7월까지, 단위 2015=100)의 동향이다. 이 데이터들은 한국은행(BANK OF KOREA)의 홈페이지에 나와 있는 경제통계시스템을 이용하여 얻은 것이다. 2019년 3월부터 2019년 7월까지의 전산업생산지수(농림어업제외) 공공행정계절조정을 살펴보면 2019년 5월까지 상승한 후 6월 들어 하락 반전한 것을 알 수 있다.

제2절 혼합전략 게임과 확률 모형 및 국내외 부동산관련 투자

게임의 형태는 전통적인 형태에서 혼합전략 게임으로 확장될 수 있다. 현실경제에 있어서 불확실성을 반영할 경우 확률의 개념을 대입하여 예측을 할 수 있는데, 이에 적합한 모형인 것이다.[9]

---

9) Tsoumakas, G., Katakis, I., and Vlahavas, I.(2010), Mining Multi-label Data, In Data Mining and Knowledge Discovery Handbook, O, Maimon and L, Rokach(Eds.), Springer, US.

| 표 6-6 | 혼합전략 게임과 확률 모형 |

	특징적인 요소
혼합전략 게임과 확률 모형	게임의 형태는 전통적인 형태에서 혼합전략 게임으로 확장될 수 있다. 현실 경제에 있어서 불확실성을 반영할 경우 확률의 개념을 대입하여 예측을 할 수 있는데, 이에 적합한 모형인 것이다.

| 그림 6-9 | 혼합전략 게임과 확률 모형의 체계 |

게임의 형태

↓

전통적인 형태에서 혼합전략 게임으로 확장

↓

현실 경제에 있어서 불확실성을 반영할 경우
확률의 개념을 대입하여 예측을 할 수 있는데,
이에 적합한 모형

이와 같은 사업에 있어서 확실성의 증가는 중요한데, 세계 최고 기업의 경우 서비스의 향상과 소비 구조, 제품 질의 관리, 즉시 주문 및 공급 등이 매우 잘 이루어지는 것으로 판단된다. 세계 최고 기업의 경우에도 앞서 언급한 바와 같이 항상 혁신을 하고 있으며 소비자들의 수요(needs)에 맞게 늘 서비스의 향상을 도모하고 있다는 것이다.

이에 따라 세계 최고의 부자 혹은 억만장자들의 경우 새로운 공유경제 트렌드에도 4차 산업혁명에 근간을 두어 경기 상황과 상관없이 꾸준한 사업적인 호황 추세를 보이고 있다는 점이다. 물론 미국을 비롯한 세계의 금리와 경제정책과 산업적인 트렌드의 변화 등의 동향도 항상 예의 주시를 하는 측면도 있다.

| 표 6-7 | 확실성의 증가와 세계 최고 기업의 운영 사례 |

	특징적인 요소
확실성의 증가와 세계 최고 기업의 운영 사례	확실성의 증가는 중요한 데, 세계 최고 기업의 경우 서비스의 향상과 소비 구조, 제품 질의 관리, 즉시 주문 및 공급 등이 매우 잘 이루어지는 것으로 판단된다.

그림 6-10 확실성의 증가와 세계 최고 기업의 운영 상황

확실성의 증가 ⟶ 세계 최고 기업의 경우

↓

서비스의 향상과 소비 구조, 제품 질의 관리,

즉시 주문 및 공급 등이 매우 잘 이루어지는

것으로 판단됨

이와 같은 첨단 서비스의 경우 4차 산업혁명 분야들에서 중요한 것으로 사물 인터넷을 비롯하여 인공지능 분야 등이 모여서 융합적인 발달로 새로운 서비스와 제품 등을 생산해 내는 것도 중요한 것으로 시장에서는 판단하고 있다.

표 6-8　첨단 서비스와 융합 산업

	특징적인 요소
첨단 서비스와 융합 산업	첨단 서비스의 경우 4차 산업혁명 분야들에서 중요한 것으로 사물 인터넷을 비롯하여 인공지능 분야 등이 모여서 융합적인 발달로 새로운 서비스와 제품 등을 생산해 내는 것도 중요한 것으로 시장에서는 판단하고 있다.

그림 6-11　첨단 서비스와 융합 산업의 구조

첨단 서비스의 경우

↓

4차 산업혁명 분야들에서 중요한 것으로

사물인터넷을 비롯하여 인공지능 분야 등이

모여서 융합적인 발달

↓

새로운 서비스와 제품 등을 생산해 내는 것도

중요한 것으로 시장에서는 판단

지역별로 한국 경제가 나아갈 방향으로서는 중국을 비롯하여 미국 등의 한국의 수출비중이 가장 높은 지역의 경우 첨단제품을 비롯한 수출물품의 고급화를

이루어 수출의 변동성을 줄여 나가도록 정책적인 준비를 잘 해 나가고 있다.

표 6-9 중국과 미국 등 선진국과 수출물품의 고급화

	특징적인 요소
중국과 미국 등 선진국과 수출물품의 고급화	지역별로 한국 경제가 나아갈 방향으로서는 중국을 비롯하여 미국 등의 한국의 수출비중이 가장 높은 지역의 경우 첨단제품을 비롯한 수출물품의 고급화를 이루어 수출의 변동성을 줄여 나가도록 정책적인 준비를 잘 해 나가고 있다.

그림 6-12 중국과 미국 등 선진국과 수출물품의 고급화

지역별로 한국 경제가 나아가고 있는 방향

↓

중국을 비롯하여 미국 등의 한국의 수출비중이

가장 높은 지역의 경우 첨단제품을 비롯한

수출물품의 고급화를 이루어 수출의 변동성을

줄여 나가고 있음

2019년 9월 중순에서 세계의 무역과 세계 산업생산과 관련하여 대외 경제의 불확실성으로 인하여 7월부터 9월까지도 하락추세가 지속되고 있는 것으로 시장 전문가들은 판단하고 있다. 이는 대외 경제의 불확실성이 제거될 때 세계 경제가 안정화되는 데 큰 역할을 할 것이다.

이와 같이 세계적인 경제 및 금융시장의 동조화 현상으로 인하여 세계적으로도 공동 번영 및 성장 추세 및 체계가 중요한 것이다. 이는 세계적으로 비교 우위의 생산으로 인하여 저렴한 가격으로 소비자들에게 제공되는 제품가격으로 인하여 각 국가들에 있어서는 자국 내의 경제 안정화와 연결되어 있기도 하다.

표 6-10 세계의 무역과 세계 산업생산

	특징적인 요소
세계의 무역과 세계 산업생산	2019년 9월 중순에서 세계의 무역과 세계 산업생산과 관련하여 대외 경제의 불확실성으로 인하여 7월부터 9월까지도 하락추세가 지속되고 있는 것으로 시장전문가들은 판단하고 있다. 이는 대외 경제의 불확실성이 제거될 때 세계 경제가 안정화되는 데 큰 역할을 할 것이다.

그림 6-13 세계의 무역과 세계 산업생산의 동향

2019년 9월 중순에서 세계의 무역과

세계 산업생산과 관련하여 대외 경제의 불확실성

↓

7월부터 9월까지도 하락추세가 지속되고 있는

것으로 시장전문가들은 판단

↓

대회 경제의 불확실성이 제거될 때

세계 경제가 안정화되는 데 큰 역할을 할 것

여기에는 예상되고 있는 영국의 브렉시트 가능성을 비롯한 이슈도 포함되어 있다. 일본의 경우에 있어서도 제조업의 설비투자액과 관련하여 2분기에 들어 좋지 않은 흐름을 보인 것으로 알려지고 있다.

표 6-11 영국의 브렉시트 관련 이슈와 일본의 제조업 설비투자액

	특징적인 요소
영국의 브렉시트 관련 이슈와 일본의 제조업 설비투자액	예상되고 있는 영국의 브렉시트 가능성을 비롯한 이슈도 포함되어 있다. 일본의 경우에 있어서도 제조업의 설비투자액과 관련하여 2분기에 들어 좋지 않은 흐름을 보인 것으로 알려지고 있다.

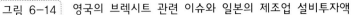

그림 6-14 │ 영국의 브렉시트 관련 이슈와 일본의 제조업 설비투자액

2019년 9월 중순에서 세계의 무역과
세계 산업생산과 관련하여   ← 일본의 경우에 있어서도
대외 경제 불확실성의 진행   제조업의 설비투자액과 관련하여
                                2분기에 들어 좋지 않은 흐름

예상되고 있는 영국의 브렉시트
가능성도 영향 주시 필요

건설경기에 영향을 줄 수 있는 서울지역의 주택매매와 관련된 시장에서는 소비심리를 알 수 있는 지수가 7월을 기준으로 할 때 상승한 것으로 파악하고 있다. 이는 향후 시중에 유동성 자금과 함께 건설경기의 방향을 잘 관찰해 보아야 한다는 것이 시장에서의 판단이다.

표 6-12 │ 2019년 7월 서울지역의 주택매매와 관련된 시장의 소비심리 파악 지수

	특징적인 요소
2019년 7월 서울지역의 주택매매와 관련된 시장에서의 소비심리를 파악할 수 있는 지수	건설경기에 영향을 줄 수 있는 서울지역의 주택매매와 관련된 시장에서는 소비심리를 알 수 있는 지수가 7월을 기준으로 할 때 상승한 것으로 파악하고 있다. 이는 향후 시중에 유동성 자금과 함께 건설경기의 방향을 잘 관찰해 보아야 한다는 것이 시장에서의 판단이다.

그림 6-15 │ 2019년 7월 서울지역의 주택매매와 관련된 시장의 소비심리 파악 지수

건설경기에 영향을 줄 수 있는 서울지역의
주택매매와 관련된 시장에서는
소비심리를 알 수 있는 지수

↓

7월을 기준으로 할 때 상승한 것으로 파악

↓

향후 시중에 유동성 자금과 함께 건설경기의
방향을 잘 관찰해 보아야 한다는 것이
시장에서의 판단

국내뿐 아니라 해외투자와 관련하여 선진국의 물류창고를 비롯하여 사무(주거)용 건축물 등에 투자하는 리츠의 상품도 유럽과 미국 등을 중심으로 수익률이 높아지면서 투자자들이 관심을 갖고 있는 것이 알려지고 있다. 한편 2020년부터 부동산의 펀드 및 공모와 관련된 리츠투자에 있어서 혜택부여를 통해 소액의 건물소유가 가능하도록 하는 방안이 진행 중에 있다.

표 6-13   해외 선진국 물류창고와 사무(주거)용 건축물 등에 대한 리츠의 상품 투자

	특징적인 요소
해외 선진국의 물류창고를 비롯한 사무(주거)용 건축물 등에 투자하는 리츠의 상품	국내 뿐 아니라 해외투자와 관련하여 선진국의 물류창고를 비롯하여 사무(주거)용 건축물 등에 투자하는 리츠의 상품도 유럽과 미국 등을 중심으로 수익률이 높아지면서 투자자들이 관심을 갖고 있는 것이 알려지고 있다.
	2020년부터 부동산의 펀드 및 공모와 관련된 리츠투자에 있어서 혜택부여를 통해 소액의 건물소유가 가능하도록 하는 방안이 진행 중에 있다.

그림 6-16   해외 선진국 물류창고와 사무(주거)용 건축물 등에 대한 리츠의 상품 투자

해외투자

↓

선진국의 물류창고를 비롯하여 사무(주거)용 건축물
등에 투자하는 리츠의 상품도
유럽과 미국 등을 중심으로 수익률이 높아지면서
관심을 투자자들이 갖고 있는 것이 알려지고 있음

그림 6-17   2020년부터 부동산의 펀드 및 공모와 관련된 리츠투자

국내투자

↓

2020년부터 부동산의 펀드 및 공모와 관련된 리츠투자에
있어서 혜택부여를 통해 소약의 건물소유가 가능하도록
하는 방안이 진행 중에 있음

한국 경제의 동향을 살펴보면 2019년 8월 들어 고용률을 포함하여 실업률과 취업자 수의 지표 등이 좋아진 것으로 시장에서는 보고 있다. 이는 소비 증가로 이어져서 경제에 긍정적인 효과를 나타낼 수 있는 좋은 지표로 판단된다.

그림 6-18 2019년 8월 들어 고용률을 포함하여 실업률과 취업자 수의 지표 등의 개선

한국 경제의 동향

↓

2019년 8월 들어 고용률을 포함하여 실업률과 취업자 수의
지표 등이 좋아진 것으로 시장에서는 보고 있음

↓

소비 증가로 이어져서 경제에 긍정적인 효과를
나타낼 수 있는 좋은 지표로 판단

표 6-14 2019년 8월 들어 고용률을 포함하여 실업률과 취업자 수의 지표 등의 개선

	특징적인 요소
2019년 8월 들어 고용률을 포함하여 실업률과 취업자 수의 지표 등의 개선	한국 경제의 동향을 살펴보면 2019년 8월 들어 고용률을 포함하여 실업률과 취업자 수의 지표 등이 좋아진 것으로 시장에서는 보고 있다. 이는 소비 증가로 이어져서 경제에 긍정적인 효과를 나타낼 수 있는 좋은 지표로 판단된다.

연습문제 6

1. 블록체인을 비롯한 영역들에 있어서 가장 중요한 요인 중 공동작업 또는 협조에 대하여 설명하시오.

정답

	특징적인 요소
블록체인을 비롯한 다른 영역들에 있어서도 가장 중요한 요인 : 공동작업 또는 협조	4차 산업혁명 분야의 성공에 있어서 블록체인을 비롯한 다른 영역들에 있어서도 가장 중요한 요인은 공동작업 또는 협조라고 시장전문가들은 판단하고 있다. 이는 국가적인 차원에서 볼 때에 서로 간에 있어서 자원 낭비도 막을 수 있고 새로운 융합적인 산업이 탄생할 수도 있기 때문이다.

2. 한국의 고용 부문의 증가에 대하여 설명하시오.

정답

	특징적인 요소
한국의 고용 부문의 증가	한국의 고용(employment) 부문에 있어서 2019년 8월에 상당히 증가한 것으로 나타났다. 이는 그동안 현 정부가 잘 추진했던 고용창출 효과가 긍정적으로 현실 경제에 나타난 결과로 판단된다.

3. 공모형의 리츠상품 부동산에 대한 펀드에 의한 자금조달에 대하여 설명하시오.

정답

	특징적인 요소
공모형의 리츠 상품 부동산에 대한 펀드에 의한 자금조달	2019년 9월 중순 들어 산업단지(industry complex)의 용지를 공급할 때나 복합 환승의 센터와 역세권 등에 있어서 공공시설의 민간 사업자들을 선정할 경우 공모형의 리츠상품 부동산에 대한 펀드에 의해 자금조달을 하는 사업자들에게 우선권이 주어질 방안이 진행되고 있다.

4. 대기업과 소기업의 게임에 대하여 설명하시오.

정답

		경기자o			
		소기업		대기업	
경기자i	소기업	7	7	2	10
	대기업	10	2	4	4

대기업과 소기업의 게임을 살펴보면, 경기자i가 소기업을 선택하거나 대기업을 선택하거나와 상관하지 않고 경기자o는 무조건 대기업을 선택하는 것이 유리하다. 숫자는 보수행렬의 보수체계이기 때문이다. 경기자o가 소기업을 선택하거나 대기업을 선택하거나와 상관하지 않고 경기자i는 무조건 대기업을 선택하는 것이 유리하게 된다.

최후 의사전달의 게임은 흥정과 협상을 통하는 대부분의 상거래에서 제공된다. 즉 기업의 파업을 하는 근로자와 이에 대한 기업 소유주의 협상형태, 급여와 관련하여 신규 취업희망자와 구인을 하는 회사의 관계 등 상거래의 경우 최후 의사전달의 게임형태로 진행될 수 있는 것이다. 반복게임을 하여도 서로 간의 흥정에서 실패할 경우 서로 간에 있어서 모두 손해를 볼 수도 있다.

5. 최후 의사전달의 게임과 흥정, 협상의 관계에 대하여 설명하시오.

정답

	특징적인 요소
최후 의사전달의 게임과 흥정, 협상	최후 의사전달의 게임은 흥정과 협상을 통하는 대부분의 상거래에서 제공된다. 즉 기업의 파업을 하는 근로자와 이에 대한 기업 소유주의 협상형태, 급여와 관련하여 신규 취업희망자와 구인을 하는 회사의 관계 등 상거래의 경우 최후 의사전달의 게임형태로 진행될 수 있는 것이다. 반복게임을 하여도 서로 간의 흥정에서 실패할 경우 서로 간에 있어서 모두 손해를 볼 수 있다.

6. 혼합전략 게임과 확률 모형에 대하여 설명하시오.

정답

	특징적인 요소
혼합전략 게임과 확률 모형	게임의 형태는 전통적인 형태에서 혼합전략 게임으로 확장될 수 있다. 현실 경제에 있어서 불확실성을 반영할 경우 확률의 개념을 대입하여 예측을 할 수 있는데, 이에 적합한 모형인 것이다.

7. 확실성의 증가와 세계 최고 기업의 운영 사례에 대하여 설명하시오.

정답

	특징적인 요소
확실성의 증가와 세계 최고 기업의 운영 사례	확실성의 증가는 중요한데, 세계 최고 기업의 경우 서비스의 향상과 소비 구조, 제품 질의 관리, 즉시 주문 및 공급 등이 매우 잘 이루어지는 것으로 판단된다.

8. 첨단 서비스와 융합 산업에 대하여 설명하시오.

정답

	특징적인 요소
첨단 서비스와 융합 산업	첨단 서비스의 경우 4차 산업혁명 분야들에서 중요한 것으로 사물인터넷을 비롯하여 인공지능 분야 등이 모여서 융합적인 발달로 새로운 서비스와 제품 등을 생산해 내는 것도 중요한 것으로 시장에서는 판단하고 있다.

9. 중국과 미국 등 선진국과 수출물품의 고급화에 대하여 설명하시오.

정답

	특징적인 요소
중국과 미국 등 선진국과 수출 물품의 고급화	지역별로 한국 경제가 나아갈 방향으로서는 중국을 비롯하여 미국 등의 한국의 수출비중이 가장 높은 지역의 경우 첨단제품을 비롯한 수출물품의 고급화를 이루어 수출의 변동성을 줄여 나가도록 정책적인 준비를 잘 해 나가고 있다.

10. 세계의 무역과 세계 산업생산에 대하여 설명하시오.

정답

	특징적인 요소
세계의 무역과 세계 산업생산	2019년 9월 중순에서 세계의 무역과 세계 산업생산과 관련하여 대외 경제의 불확실성으로 인하여 7월부터 9월까지도 하락추세가 지속되고 있는 것으로 시장전문가들은 판단하고 있다. 이는 대외 경제의 불확실성이 제거될 때 세계 경제가 안정화되는 데 큰 역할을 할 것이다.

11. 영국의 브렉시트 관련 이슈와 일본의 제조업 설비투자액에 대하여 설명하시오.

정답

	특징적인 요소
영국의 브렉시트 관련 이슈와 일본의 제조업 설비투자액	예상되고 있는 영국의 브렉시트 가능성을 비롯한 이슈도 포함되어 있다. 일본의 경우에 있어서도 제조업의 설비투자액과 관련하여 2분기에 들어 좋지 않은 흐름을 보인 것으로 알려지고 있다.

12. 2019년 7월 서울지역의 주택매매와 관련된 시장의 소비심리 파악 지수에 대하여 설명하시오.

정답

	특징적인 요소
2019년 7월 서울지역의 주택매매와 관련된 시장에서의 소비심리를 파악할 수 있는 지수	건설경기에 영향을 줄 수 있는 서울지역의 주택매매와 관련된 시장에서는 소비심리를 알 수 있는 지수가 7월을 기준으로 할 때 상승한 것으로 파악하고 있다. 이는 향후 시중에 유동성 자금과 함께 건설경기의 방향을 잘 관찰해 보아야 한다는 것이 시장에서의 판단이다.

13. 해외 선진국 물류창고와 사무(주거)용 건축물 등에 대한 리츠의 상품 투자에 대하여 설명하시오.

정답

	특징적인 요소
해외 선진국의 물류창고를 비롯한 사무 (주거)용 건축물 등에 투자하는 리츠의 상품	국내뿐 아니라 해외투자와 관련하여 선진국의 물류창고를 비롯하여 사무(주거)용 건축물 등에 투자하는 리츠의 상품도 유럽과 미국 등을 중심으로 수익률이 높아지면서 투자자들이 관심을 갖고 있는 것을 알려지고 있다.
	2020년부터 부동산의 펀드 및 공모와 관련된 리츠투자에 있어서 혜택부여를 통해 소액의 건물소유가 가능하도록 하는 방안이 진행 중에 있다.

14. 2019년 8월 들어 고용률을 포함하여 실업률과 취업자 수의 지표 등의 개선에 대하여 설명하시오.

정답

	특징적인 요소
2019년 8월 들어 고용률을 포함하여 실업률과 취업자 수의 지표 등의 개선	한국 경제의 동향을 살펴보면 2019년 8월 들어 고용률을 포함하여 실업률과 취업자 수의 지표 등이 좋아진 것으로 시장에서는 보고 있다. 이는 소비 증가로 이어져서 경제에 긍정적인 효과를 나타낼 수 있는 좋은 지표로 판단된다.

제4편

공유 경제와 개인 및 기업관련 정보경제

제7장

기업관련 게임 및
국내외 부동산(주택)가격 동향

제1절 기업관련 수량과 광고관련 게임 및 국내 자산

그림 7-1 한국 주택 시가총액(전년대비 증감률)과 서울특별시 토지자산 순자본스톡(명목, 연말기준)(전년대비 증감률)

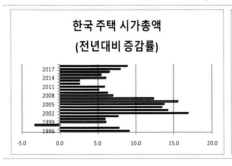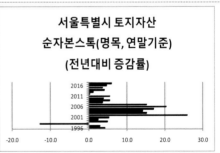

<그림 7-1>은 한국 주택 시가총액(전년대비 증감률)과 서울특별시 토지자산 순자본스톡(명목, 연말기준)(전년대비 증감률)의 동향이다. 한국 주택 시가총액(전년대비 증감률)과 서울특별시 토지자산 순자본스톡(명목, 연말기준)(전년대비 증감률)의 단

위는 %이다.

한국 주택 시가총액(전년대비 증감률)의 기간은 1996년부터 2018년까지이고, 서울특별시 토지자산 순자본스톡(명목, 연말기준)(전년대비 증감률)의 기간은 1996년부터 2017년까지이다.

이 데이터들은 한국은행(BANK OF KOREA)의 홈페이지에 나와 있는 경제통계시스템을 이용하여 얻은 것이다. 1998년 기간에는 모두 음(−)의 수치를 보였으며, 최근 들어 상승 추세를 보인 것으로 나타났다. 이와 같은 추세들이 지속되면서 2018년 국부(國富)가 통계에 대한 집계 이후 최대치를 기록한 것으로 나타났다.

<그림 7−2>는 부산광역시 토지자산 순자본스톡(명목, 연말기준)(전년대비 증감률)과 대구광역시 토지자산 순자본스톡(명목, 연말기준)(전년대비 증감률)의 동향이다. 부산광역시 토지자산 순자본스톡(명목, 연말기준)(전년대비 증감률)과 대구광역시 토지자산 순자본스톡(명목, 연말기준)(전년대비 증감률)의 단위는 %이다.

부산광역시 토지자산 순자본스톡(명목, 연말기준)(전년대비 증감률)과 대구광역시 토지자산 순자본스톡(명목, 연말기준)(전년대비 증감률)의 기간은 1996년부터 2017년까지이다. 이 데이터들은 한국은행(BANK OF KOREA)의 홈페이지에 나와 있는 경제통계시스템을 이용하여 얻은 것이다.

그림 7−2 　 부산광역시 토지자산 순자본스톡(명목, 연말기준)(전년대비 증감률)과 대구광역시 토지자산 순자본스톡(명목, 연말기준)(전년대비 증감률)

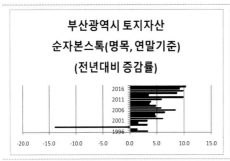
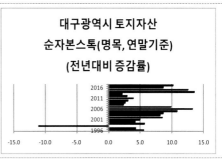

그림 7-3 │ 인천광역시 토지자산 순자본스톡(명목, 연말기준)(전년대비 증감률)과 광주
광역시 토지자산 순자본스톡(명목, 연말기준)(전년대비 증감률)

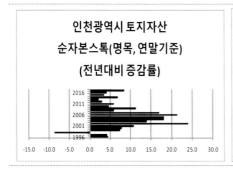
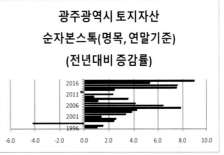

    <그림 7-3>은 인천광역시 토지자산 순자본스톡(명목, 연말기준)(전년대비 증감률)과 광주광역시 토지자산 순자본스톡(명목, 연말기준)(전년대비 증감률)의 동향이다. 인천광역시 토지자산 순자본스톡(명목, 연말기준)(전년대비 증감률)과 광주광역시 토지자산 순자본스톡(명목, 연말기준)(전년대비 증감률)의 단위는 %이다.

    인천광역시 토지자산 순자본스톡(명목, 연말기준)(전년대비 증감률)과 광주광역시 토지자산 순자본스톡(명목, 연말기준)(전년대비 증감률)의 기간은 1996년부터 2017년까지이다. 이 데이터들은 한국은행(BANK OF KOREA)의 홈페이지에 나와 있는 경제통계시스템을 이용하여 얻은 것이다.

    <그림 7-4>는 대전광역시 토지자산 순자본스톡(명목, 연말기준)(전년대비 증감률)과 울산광역시 토지자산 순자본스톡(명목, 연말기준)(전년대비 증감률)의 동향이다. 대전광역시 토지자산 순자본스톡(명목, 연말기준)(전년대비 증감률)과 울산광역시 토지자산 순자본스톡(명목, 연말기준)(전년대비 증감률)의 단위는 %이다.

    대전광역시 토지자산 순자본스톡(명목, 연말기준)(전년대비 증감률)과 울산광역시 토지자산 순자본스톡(명목, 연말기준)(전년대비 증감률)의 기간은 1996년부터 2017년까지이다. 이 데이터들은 한국은행(BANK OF KOREA)의 홈페이지에 나와 있는 경제통계시스템을 이용하여 얻은 것이다.

그림 7-4 대전광역시 토지자산 순자본스톡(명목, 연말기준)(전년대비 증감률)과 울산
광역시 토지자산 순자본스톡(명목, 연말기준)(전년대비 증감률)

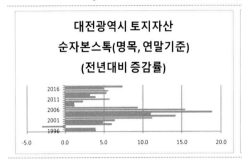

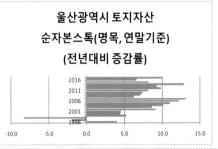

그림 7-5 세종특별자치시 토지자산 순자본스톡(명목, 연말기준)(전년대비 증감률)과
경기도 토지자산 순자본스톡(명목, 연말기준)(전년대비 증감률)

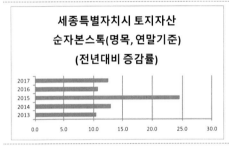

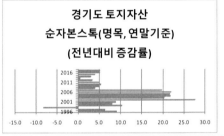

<그림 7-5>는 세종특별자치시 토지자산 순자본스톡(명목, 연말기준)(전년대비
증감률)과 경기도 토지자산 순자본스톡(명목, 연말기준)(전년대비 증감률)의 동향이다.
세종특별자치시 토지자산 순자본스톡(명목, 연말기준)(전년대비 증감률)과 경기도 토
지자산 순자본스톡(명목, 연말기준)(전년대비 증감률)의 단위는 %이다.

세종특별자치시 토지자산 순자본스톡(명목, 연말기준)(전년대비 증감률)과 경기도
토지자산 순자본스톡(명목, 연말기준)(전년대비 증감률)의 기간은 각각 2013년부터
2017년까지와 1996년부터 2017년까지이다. 이 데이터들은 한국은행(BANK OF
KOREA)의 홈페이지에 나와 있는 경제통계시스템을 이용하여 얻은 것이다.

표 7-1 기업들에게 있어서 광고를 하는 것과 광고를 하지 않는 게임

		회사2			
		광고를 함		광고를 하지 않음	
회사1	광고를 함	5	5	10	1
	광고를 하지 않음	1	10	6	6

<표 7−1>은 기업들에게 있어서 광고를 하는 것과 광고를 하지 않는 게임과 관련된 것이다. 여기서 두 회사 모두 광고에 따른 비용과 관련하여서는 광고를 하지 않는 경우가 그들이 얻을 이윤에서 가장 좋은 선택이다.[10]

둘 모두 광고를 하게 되면 광고를 하지 않는 것보다 광고비용 때문에 적은 이윤을 얻을 수밖에 없다. 만일 회사 1이든지 회사 2가 한 회사는 광고를 하고 한 회사는 광고를 하지 않으면 광고를 하는 회사는 이윤을 가장 높게 받을 수 있고 광고를 하지 않는 회사는 가장 낮은 이윤을 얻을 수밖에 없다. 여기서도 특정한 해당 칸에서 대각선의 위쪽은 회사2의 이윤이고 대각선의 아래쪽은 회사1의 이윤 형태이다.

표 7-2 수량을 제한하는 카르텔이 있는 경우와 그렇지 못한 경우의 게임(단, 현실 경제에서는 수량 제한의 카르텔은 불가능한 게임)

		회사2			
		수량을 제한하는 경우		수량을 제한하지 않는 경우	
회사1	수량을 제한하는 경우	7	7	1	20
	수량을 제한하지 않는 경우	20	1	3	3

---

10) Read, J. Peahringer, B., Holmes, G., and Frank, E.(2009), Classifier Chains for Multi−label Classification, In Proceedings of the European Conference on Machine Learning and Knowledge Discovery in Databases, Bled, Slovenia.

<표 7-2>에는 수량을 제한하는 카르텔이 있는 경우와 그렇지 못한 경우의 게임(단, 현실 경제에서는 수량 제한의 카르텔은 불가능한 게임)이 제시되어 있다. 여기서 회사1과 회사2의 경우 현실세계에서는 불가능하지만 모두 수량을 제한하는 카르텔이 있는 경우에 있어서 가장 높은 이윤을 창출할 수 있다. 가장 큰 이윤은 수량을 줄여서 가격을 높이는 형태로 진행되는 것이다.

반대로 두 회사 모두에게 가장 나쁜 이윤을 주는 것은 두 회사 모두 수량을 제한하는 카르텔이 없는 경우이다. 반면에 회사1이나 회사2 중에서 수량을 제한하는 카르텔이 있는 경우와 수량을 제한하지 않는 경우에는 수량을 제한하는 회사는 가장 적은 이윤을 얻지만 수량을 제한하지 않는 회사의 경우에는 가장 이윤을 극대화시킬 수 있다는 것이다.

진화와 관련된 생물학적인 게임의 경우 사람들의 이타적 행위와 관련된 행동을 해석할 수 있는 것으로서 전통적인 게임이론이 확장된 것이다. 이는 사람들이 반드시 이기적인 행동만을 하는 것은 아니고 이타적 행위에 의하여 공동체적인 이익과 지속가능한 이익 창출로 인하여 서로 간에 있어서 플러스 게임으로 확장시킬 수도 있다는 측면으로도 해석해 볼 수 있다는 것이다.

그림 7-6 │ 수량의 감소와 가격의 상승

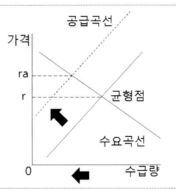

<그림 7-6>은 수량의 감소와 가격 상승의 관계가 나타나 있다. 공급의 감소로 그림과 같이 왼쪽으로 수량의 감소가 일어나면 가격이 r수준에서 ra수준까지 상승하게 된다는 것이다.

| 표 7-3 | 진화와 관련된 생물학적인 게임과 이타적 행위 |

	특징적인 요소
진화와 관련된 생물학적인 게임과 이타적 행위	진화와 관련된 생물학적인 게임의 경우 사람들의 이타적 행위와 관련된 행동을 해석할 수 있는 것으로서 전통적인 게임이론이 확장된 것이다. 이는 사람들이 반드시 이기적인 행동만을 하는 것은 아니고 이타적 행위에 의하여 공동체적인 이익과 지속가능한 이익 창출로 인하여 서로 간에 있어서 플러스 게임으로 확장시킬 수도 있다는 측면으로도 해석해 볼 수 있다는 것이다.

| 그림 7-7 | 진화와 관련된 생물학적인 게임과 이타적 행위의 관계도 |

진화와 관련된 생물학적인 게임의 경우

↓

사람들의 이타적 행위와 관련된 행동을 해석할 수 있는

것으로서 전통적인 게임이론이 확장

제2절   기업의 가격인하와 비가격인하 전략 게임 및 해외 자산

2018년도에는 부동산가격의 상승 추세와 해외투자의 증가세로 인한 대외적인 금융자산의 증가와 국내에서의 주거용 관련 토지 시가기준의 집계 등이 포함되었다. 그리고 지식재산과 관련된 연구 및 개발관련 투자도 확대되는 시기였다.

| 표 7-4 | 2018년도 부동산가격의 상승 추세와 해외투자의 증가 |

	특징적인 요소
2018년도 부동산가격의 상승 추세와 해외투자의 증가	2018년도에는 부동산가격의 상승 추세와 해외투자의 증가세로 인한 대외적인 금융자산의 증가와 국내에서의 주거용 관련 토지 시가기준의 집계 등이 포함되었다. 그리고 지식재산과 관련된 연구 및 개발관련 투자도 확대되는 시기였다.

2000년의 기준으로 뉴질랜드와 홍콩 등의 주택 가격 상승이 세계적으로 두드러졌음을 알 수 있다. 이와 같은 추세의 공통점은 경제의 안정적인 성장과 이들 국가들을 비롯하여 선진국에서 주택공급의 감소세를 경험한 나라들의 경우에 이러한 현상이 발생하였음을 알 수 있다.

그림 7-8   2018년도 부동산가격의 상승 추세와 해외투자의 증가, 지식재산 투자

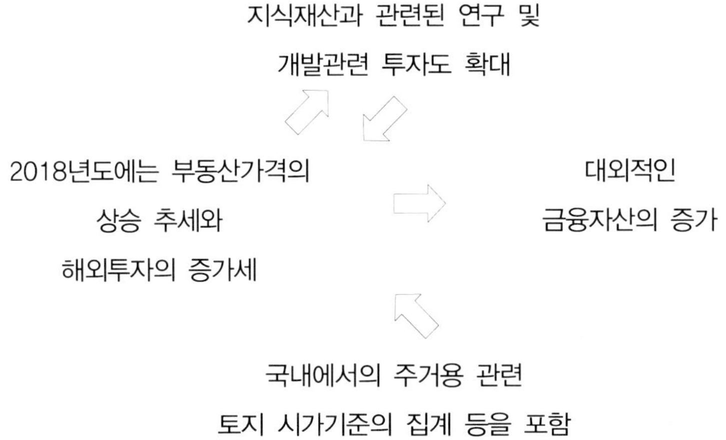

지식재산과 관련된 연구 및

개발관련 투자도 확대

2018년도에는 부동산가격의   대외적인
상승 추세와   금융자산의 증가
해외투자의 증가세

국내에서의 주거용 관련

토지 시가기준의 집계 등을 포함

표 7-5   2000년의 기준으로 돋보이는 뉴질랜드와 홍콩 등의 주택 가격 상승

	특징적인 요소
2000년의 기준으로 돋보이는 뉴질랜드와 홍콩 등의 주택 가격 상승	2000년의 기준으로 뉴질랜드와 홍콩 등의 주택 가격 상승이 세계적으로 두드러졌음을 알 수 있다. 이와 같은 추세의 공통점은 경제의 안정적인 성장과 이들 국가들을 비롯하여 선진국에서 주택공급의 감소세를 경험한 나라들의 경우에 이러한 현상이 발생하였음을 알 수 있다.

그림 7-9 2000년의 기준으로 돋보이는 뉴질랜드와 홍콩 등의 주택 가격 상승 현상

2000년의 기준으로 뉴질랜드와 홍콩 등의

주택 가격 상승이 세계적으로 두드러졌음

↓

이와 같은 추세의 공통점은 경제의 안정적인

성장과 이들 국가들을 비롯하여 선진국에서

주택공급의 감소세를 경험한 나라들의 경우

이러한 현상이 발생하였음

한편 공유경제의 사업 모형은 디지털 플랫폼을 활용하여 아파트를 비롯한 숙박시설과 객실 등에 대하여 즉시 시스템으로 알아볼 수 있는 단계까지 이르고 있다. 그리고 여행 시에 필요한 자동차에 대한 물색과 여행지에서의 렌터카에 대한 수요와 공급을 정확하게 일치해 나갈 수 있다.

표 7-6 가격인하와 비가격인하 전략 게임

		회사2			
		가격 인하 전략		비가격 인하 전략	
회사1	가격 인하 전략	5	5	1	10
	비가격 인하 전략	10	1	9	9

<표 7-6>에는 가격인하와 비가격인하 전략 게임이 있다. 여기서 회사1과 회사2는 서로 간에 있어서 비가격 인하 전략을 통하여 가격을 인하시키지 않는 것이 서로의 기업들에게 매우 유익한 결과를 가져올 수 있다.

하지만 회사1과 회사2는 서로 상대방이 어떠한 전략을 취할는지 몰라서 결국 가격 인하 전략을 통하여 두 회사 모두 가격 인하의 전략을 취하게 될 수 있다는 것이다. 즉 회사1이 가격 인하 전략을 취하는데 회사2가 비협조적인 게임 전략으로 인하여 비가격 인하 전략을 취하면 회사1은 선택할 수 있는 것 중에서 가장

낮은 이윤을 창출하고 회사2는 가장 높은 이윤을 창출할 수 있어서, 즉 상대방의 전략을 믿지 못하여 결국 두 회사인 회사1과 회사2 모두 가격 인하 전략을 취할 수 있다는 것이다.

그림 7-10 강원도 토지자산 순자본스톡(명목, 연말기준)(전년대비 증감률)과 충청북도 토지자산 순자본스톡(명목, 연말기준)(전년대비 증감률)

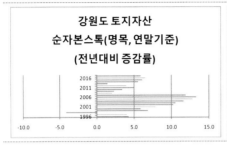

<그림 7-10>은 강원도 토지자산 순자본스톡(명목, 연말기준)(전년대비 증감률) 과 충청북도 토지자산 순자본스톡(명목, 연말기준)(전년대비 증감률)의 동향이다. 강원도 토지자산 순자본스톡(명목, 연말기준)(전년대비 증감률)과 충청북도 토지자산 순자본스톡(명목, 연말기준)(전년대비 증감률)의 단위는 %이다.

강원도 토지자산 순자본스톡(명목, 연말기준)(전년대비 증감률)과 충청북도 토지자산 순자본스톡(명목, 연말기준)(전년대비 증감률)의 기간은 모두 1996년부터 2017년 까지이다. 이 데이터들은 한국은행(BANK OF KOREA)의 홈페이지에 나와 있는 경제통계시스템을 이용하여 얻은 것이다.

그림 7-11 충청남도 토지자산 순자본스톡(명목, 연말기준)(전년대비 증감률)과 전라북도 토지자산 순자본스톡(명목, 연말기준)(전년대비 증감률)

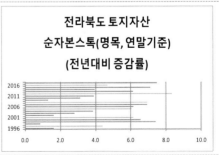

<그림 7-11>은 충청남도 토지자산 순자본스톡(명목, 연말기준)(전년대비 증감률)과 전라북도 토지자산 순자본스톡(명목, 연말기준)(전년대비 증감률)의 동향이다. 충청남도 토지자산 순자본스톡(명목, 연말기준)(전년대비 증감률)과 전라북도 토지자산 순자본스톡(명목, 연말기준)(전년대비 증감률)의 단위는 %이다.

충청남도 토지자산 순자본스톡(명목, 연말기준)(전년대비 증감률)과 전라북도 토지자산 순자본스톡(명목, 연말기준)(전년대비 증감률)의 기간은 모두 1996년부터 2017년까지이다. 이 데이터들은 한국은행(BANK OF KOREA)의 홈페이지에 나와 있는 경제통계시스템을 이용하여 얻은 것이다.

그림 7-12 　전라남도 토지자산 순자본스톡(명목, 연말기준)(전년대비 증감률)과 경상북도 토지자산 순자본스톡(명목, 연말기준)(전년대비 증감률)

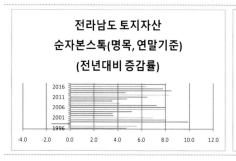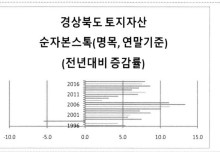

<그림 7-12>는 전라남도 토지자산 순자본스톡(명목, 연말기준)(전년대비 증감률)과 경상북도 토지자산 순자본스톡(명목, 연말기준)(전년대비 증감률)의 동향이다. 전라남도 토지자산 순자본스톡(명목, 연말기준)(전년대비 증감률)과 경상북도 토지자산 순자본스톡(명목, 연말기준)(전년대비 증감률)의 단위는 %이다.

전라남도 토지자산 순자본스톡(명목, 연말기준)(전년대비 증감률)과 경상북도 토지자산 순자본스톡(명목, 연말기준)(전년대비 증감률)의 기간은 모두 1996년부터 2017년까지이다. 이 데이터들은 한국은행(BANK OF KOREA)의 홈페이지에 나와 있는 경제통계시스템을 이용하여 얻은 것이다.

그림 7-13   경상남도 토지자산 순자본스톡(명목, 연말기준)(전년대비 증감률)과 제주특
별자치도 토지자산 순자본스톡(명목, 연말기준)(전년대비 증감률)

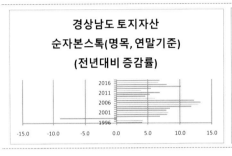

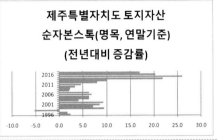

<그림 7-13>은 경상남도 토지자산 순자본스톡(명목, 연말기준)(전년대비 증감률)과 제주특별자치도 토지자산 순자본스톡(명목, 연말기준)(전년대비 증감률)의 동향이다. 경상남도 토지자산 순자본스톡(명목, 연말기준)(전년대비 증감률)과 제주특별자치도 토지자산 순자본스톡(명목, 연말기준)(전년대비 증감률)의 단위는 %이다.

경상남도 토지자산 순자본스톡(명목, 연말기준)(전년대비 증감률)과 제주특별자치도 토지자산 순자본스톡(명목, 연말기준)(전년대비 증감률)의 기간은 모두 1996년부터 2017년까지이다. 이 데이터들은 한국은행(BANK OF KOREA)의 홈페이지에 나와 있는 경제통계시스템을 이용하여 얻은 것이다.

그림 7-14   전국 토지자산 순자본스톡(명목, 연말기준)(전년대비 증감률)과 한국 실업률
의 동향

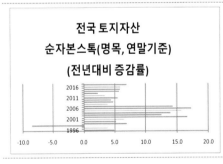

<그림 7-14>는 전국 토지자산 순자본스톡(명목, 연말기준)(전년대비 증감률)과 한국 실업률의 동향이다. 전국 토지자산 순자본스톡(명목, 연말기준)(전년대비 증감률)과 한국 실업률의 단위는 %이다.

전국 토지자산 순자본스톡(명목, 연말기준)(전년대비 증감률)과 한국 실업률의 기간은 각각 1996년부터 2017년까지의 연간자료와 1999년 6월부터 2019년 7월까지이다. 이 데이터들은 한국은행(BANK OF KOREA)의 홈페이지에 나와 있는 경제통계시스템을 이용하여 얻은 것이다.

연습문제 7

1. 기업들에게 있어서 광고를 하는 것과 광고를 하지 않는 게임에 대하여 설명하시오.

정답

		회사2			
		광고를 함		광고를 하지 않음	
회사1	광고를 함	5	5	10	1
	광고를 하지 않음	1	10	6	6

기업들에게 있어서 광고를 하는 것과 광고를 하지 않는 게임과 관련된 것이다. 여기서 두 회사 모두 광고에 따른 비용과 관련하여서는 광고를 하지 않는 경우가 그들이 얻을 이윤에서 가장 좋은 선택이다.

둘 모두 광고를 하게 되면 광고를 하지 않는 것보다 광고비용 때문에 적은 이윤을 얻을 수밖에 없다. 만일 회사 1이든지 회사 2가 한 회사는 광고를 하고 한 회사는 광고를 하지 않으면 광고를 하는 회사는 이윤을 가장 높게 받을 수 있고 광고를 하지 않는 회사는 가장 낮은 이윤을 얻을 수밖에 없다. 여기서도 특정한 해당 칸에서 대각선의 위쪽은 회사2의 이윤이고 대각선의 아래쪽은 회사1의 이윤 형태이다.

2. 수량을 제한하는 카르텔이 있는 경우와 그렇지 못한 경우의 게임(단, 현실 경제에서는 수량 제한의 카르텔은 불가능한 게임)에 대하여 설명하시오.

정답

		회사2			
		수량을 제한하는 경우		수량을 제한하지 않는 경우	
회사1	수량을 제한하는 경우	7	7	1	20

수량을 제한하지 않는 경우	20	1	3	3

수량을 제한하는 카르텔이 있는 경우와 그렇지 못한 경우의 게임(단, 현실 경제에서는 수량 제한의 카르텔은 불가능한 게임)이 제시되어 있다. 여기서 회사1과 회사2의 경우 현실세계에서는 불가능하지만 모두 수량을 제한하는 카르텔이 있는 경우에 있어서 가장 높은 이윤을 창출할 수 있다. 가장 큰 이윤은 수량을 줄여서 가격을 높이는 형태로 진행되는 것이다.

반대로 두 회사 모두에게 가장 나쁜 이윤을 주는 것은 두 회사 모두 수량을 제한하는 카르텔이 없는 경우이다. 반면에 회사1이나 회사2 중에서 수량을 제한하는 카르텔이 있는 경우와 수량을 제한하지 않는 경우에는 수량을 제한하는 회사는 가장 적은 이윤을 얻지만 수량을 제한하지 않는 회사의 경우에는 가장 이윤을 극대화시킬 수 있다는 것이다.

3. 진화와 관련된 생물학적인 게임과 이타적 행위에 대하여 설명하시오.

정답

	특징적인 요소
진화와 관련된 생물학적인 게임과 이타적 행위	진화와 관련된 생물학적인 게임의 경우 사람들의 이타적 행위와 관련된 행동을 해석할 수 있는 것으로서 전통적인 게임이론이 확장된 것이다. 이는 사람들이 반드시 이기적인 행동만을 하는 것은 아니고 이타적 행위에 의하여 공동체적인 이익과 지속가능한 이익 창출로 인하여 서로 간에 있어서 플러스 게임으로 확장시킬 수도 있다는 측면으로도 해석해 볼 수 있다.

4. 2018년도 부동산가격의 상승 추세와 해외투자의 증가에 대하여 설명하시오.

정답

	특징적인 요소
2018년도 부동산가격의 상승 추세와 해외투자의 증가	2018년도에는 부동산가격의 상승 추세와 해외투자의 증가세로 인한 대외적인 금융자산의 증가와 국내에서의 주거용 관련 토지 시가기준의 집계 등이 포함되었다. 그리고 지식재산과 관련된 연구 및 개발관련 투자도 확대되는 시기였다.

5. 2000년의 기준으로 돋보이는 뉴질랜드와 홍콩 등의 주택 가격 상승에 대하여 설명 하시오.

정답

	특징적인 요소
2000년의 기준으로 돋보이는 뉴질랜드와 홍콩 등의 주택 가격 상승	2000년의 기준으로 뉴질랜드와 홍콩 등의 주택 가격 상승이 세계적으로 두드러졌음을 알 수 있다. 이와 같은 추세의 공통점은 경제의 안정적인 성장과 이들 국가들을 비롯하여 선진국에서 주택공급의 감소세를 경험한 나라들의 경우에 이러한 현상이 발생하였음을 알 수 있다.

6. 가격인하와 비가격인하 전략 게임에 대하여 설명하시오.

정답

		회사2			
		가격 인하 전략		비가격 인하 전략	
회사1	가격 인하 전략		5		10
		5		1	
	비가격 인하 전략		1		9
		10		9	

가격인하와 비가격인하 전략 게임이 있다. 여기서 회사1과 회사2는 서로 간에 있어서 비가격 인하 전략을 통하여 가격을 인하시키지 않는 것이 서로의 기업들에게 매우 유익한 결과를 가져올 수 있다.

하지만 회사1과 회사2는 서로 상대방이 어떠한 전략을 취하는지 몰라서 결국 가격 인하 전략을 통하여 두 회사 모두 가격 인하의 전략을 취하게 될 수 있다는 것이다. 즉 회사1이 가격 인하 전략을 취하는데 회사2가 비협조적인 게임 전략으로 인하여 비가격 인하 전략을 취하면 회사1은 선택할 수 있는 것 중에서 가장 낮은 이윤을 창출하고 회사2는 가장 높은 이윤을 창출할 수 있어서, 즉 상대방의 전략을 믿지 못하여 결국 두 회사인 회사1과 회사2 모두 가격 인하 전략을 취할 수 있다는 것이다.

제8장

세계 초일류 부자의
경제와 경영관과 정보

제1절 이타적인 경향의 기업경영 게임과 공유 경제

오픈소스로 인한 사업영역에 이더리움과 비트코인이 포함되었듯이 블록체인과
암호화폐 개발관련 발전 역시 사물인터넷과 인공지능 등과 협조관계에서 상생하
면서 거대하고 하나인 오픈소스로 한국에서 사업영역이 넓혀지기를 시장전문가들
은 희망하고 있다.

표 8-1 블록체인과 암호화폐 및 사물인터넷과 인공지능 등과의 협조관계

	특징적인 요소
블록체인과 암호화폐 및 사물인터넷과 인공지능 등과의 협조관계	시장은 오픈소스로 인한 사업영역에 이더리움과 비트코인이 포함되었듯이 블록체인과 암호화폐 개발관련 발전 역시 사물인터넷과 인공지능 등과 협조관계에서 상생하면서 거대하고 하나인 오픈소스로 한국에서 사업영역이 넓혀지기를 희망하고 있다.

그림 8-1 블록체인과 암호화폐 및 사물인터넷과 인공지능 등과의 협조관계

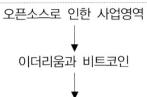

오픈소스로 인한 사업영역

↓

이더리움과 비트코인

↓

블록체인과 암호화폐 개발관련 발전
역시 사물인터넷과 인공지능 등과 협조관계에서
상생하면서 거대하고 하나인 오픈소스로
한국에서 사업영역이 넓혀지기를
시장전문가들은 희망

한국의 정부와 경제 주체들이 해외의 유망한 기업에 대한 인수 및 합병과 세계 연구 및 개발 체제의 강화 등으로 인한 새로운 수출성장전략 방안으로 인하여 진행될 수 있도록 잘 준비해 나가고 있다고 시장에서는 판단하고 있다.

표 8-2 한국의 정부와 경제 주체 : 세계적으로 연구 및 개발 체제의 강화

	특징적인 요소
한국의 정부와 경제 주체 : 해외의 유망한 기업에 대한 인수 및 합병과 세계 연구 및 개발 체제의 강화	한국의 정부와 경제 주체들이 해외의 유망한 기업에 대한 인수 및 합병과 세계적으로 연구 및 개발 체제의 강화 등으로 인한 새로운 수출성장전략 방안으로 인하여 진행될 수 있도록 잘 준비해 나가고 있다.

그림 8-2 한국의 정부와 경제 주체 : 세계적으로 연구 및 개발 체제의 강화

한국의 정부와 경제 주체

↓

해외의 유망한 기업에 대한 인수 및 합병과
세계적으로 연구 및 개발 체제의 강화 등으로 인한
새로운 수출성장전략 방안으로 인하여 진행될 수 있도록
잘 준비해 나가고 있다고 시장에서는 판단

표 8-3	이타적인 경향의 기업경영 게임
	특징적인 요소
이타적인 경향의 기업경영 게임	현실경제와 관련하여 부를 독점하는 기업을 상정한 게임 형태가 있다. 부를 독점하는 기업이 생산량을 정한 양만큼 생산하고 나머지는 다른 기업들의 생산의 몫으로 분배를 하고 나머지 기업들은 주어지는 대로 생산하는 게임 형태이다. 이는 기업의 본성이 사람과 유사하다고 가정을 할 경우 사람들에게 대입을 하였을 때 전통적인 경제학에서 가정을 하는 사람들은 합리적이며 이기적으로 행동하는지와 관련하여 알아보기 위한 게임의 형태로 전개된다.

한편 현실 경제와 관련하여 부를 독점하는 기업을 상정한 게임 형태가 있다. 이는 부를 독점하는 기업이 생산량을 정한 양만큼 생산하고 나머지는 다른 기업들의 생산의 몫으로 분배를 하고 나머지 기업들은 주어지는 대로 생산하는 게임 형태이다. 이는 기업의 본성이 사람과 유사하다고 가정을 할 경우 사람들에게 대입을 하였을 때 전통적인 경제학에서 가정을 하는 사람들은 합리적이며 이기적으로 행동하는지와 관련하여 알아보기 위한 게임의 형태로도 전개될 수 있다.[11] 이와 같이 현실 경제에서 인간의 행위가 이기적인지 또는 이타적인지 그리고 이것이 언제든지 보편적이고 타당성을 갖고 있는지 등과 관련하여 연구들이 이어지고 있는 것이다. 이는 독과점의 형태를 비롯하여 많은 경제적인 결과들에게 있어서 이해를 돕고 도움을 주고 해결책을 모색하는 데에도 기여할 것으로 판단된다. 한국의 경우 민주화가 잘 이루어져 이타적인 인간의 본성을 가진 현 정부를 비롯하여 산업계에서도 이와 같은 이타적인 인간 성향 게임의 형태가 발휘되어 대기업과 중소기업의 상생 노력이 잘 되고 있다.

---

11) Sorower, M. S.(2010), A Literature Survey on Algorithms for Multi-label Learning.

그림 8-3   이타적인 경향의 기업경영 게임의 체계

현실 경제와 관련하여 부를 독점하는 기업을 상정한 게임 형태

↓

부를 독점하는 기업이 생산량을 정한 양만큼 생산하고
나머지는 다른 기업들의 생산의 몫으로 분배를 하고
나머지 기업들은 주어지는 대로 생산하는 게임 형태

↓

기업의 본성이 사람과 유사하다고 가정을 할 경우 사람들에게
대입을 하였을 때 전통적인 경제학에서 가정을 하는 사람들은
합리적이며 이기적으로 행동하는 지와 관련하여 알아보기 위한
게임의 형태로도 전개

무역의 형태에서 서로 간의 협조도 중요하지만 세계 초일류의 회사들의 경영 방식에 있어서도 이와 같은 부를 독점하는 기업 형태의 게임이 형성되는가? 이에 대하여 규모의 경제와 같은 방식에 있어서 그리고 가격선도자의 형태를 지향하는 경쟁질서에서는 어느 정도 설득력이 있을 수도 있다. 예를 들어 승자 독식과 같이 가격선도 기업이 모든 시장점유율을 혼자 차지할 수도 있을 만큼 경쟁이 치열한 것도 사실이기 때문이다. 그러면 이와 같은 현상이 모든 상황과 모든 기업, 모든 품목에 있어서도 그러할까? 이는 보다 세밀한 분석과 공생과 공유의 체계의 질서로 시계열에 걸쳐서도 잘 판단해 보아야 한다. 적어도 서로 업종이 다른 경우에는 협조가 잘 이루어지는 것으로 판단되고 같은 업종과 품목의 생산에 있어서는 냉혹한 현실의 경쟁의 논리가 우선적으로 적용되기도 하는 것이 현실의 경제이기도 하다.

표 8-4   규모의 경제와 가격선도 기업

	특징적인 요소
규모의 경제와 가격선도 기업	무역의 형태에서 서로 간의 협조도 중요하지만 세계 초일류의 회사들의 경영 방식에 있어서 이와 같은 부를 독점하는 기업 형태의 게임이 형성되는가? 이에 대해 규모의 경제와 같은 방식에 있어서 또한 가격선도자의 형태를 지향하는 경쟁질서에서는 어느 정도 설득력이 있을 수도 있다.

예를 들어 승자 독식과 같이 가격선도 기업이 모든 시장점유율을 혼자 차지할 수도 있을 만큼 경쟁이 치열한 것도 사실이기 때문이다. 그러면 이와 같은 현상이 모든 상황과 모든 기업, 모든 품목에 있어서도 그러할까? 이는 보다 세밀한 분석과 공생과 공유의 체계의 질서로 시계열에 걸쳐서도 잘 판단해 보아야 한다.

그림 8-4 규모의 경제와 가격선도 기업 체계

경제 및 경영 체제

↓

규모의 경제와 같은 방식에 있어서
그리고 가격선도자의 형태를 지향하는 경쟁질서

↓

승자 독식과 같이 가격선도 기업이 모든
시장점유율을 혼자 차지할 수도 있을 만큼 경쟁

↓

적어도 서로 업종이 다른 경우에는 협조가
잘 이루어지는 것으로 판단

어쨌든 4차 산업혁명과 연계된 공유경제도 하나의 트렌드로 진행이 되고 있는 것도 현실 경제이다. 여기에는 기부의 형태를 비롯하여 비용에 대하여 감소가 가능하면서 경제 행위를 할 수 있는 방향으로 진전이 이루어지고 있는 것이다.

그림 8-5 공유경제의 트렌드 : 기부의 형태와 비용 감소 추구 전략

4차 산업혁명과 연계된 공유경제도
하나의 트렌드로 진행이 되고 있는 것도 현실 경제

↓

기부의 형태를 비롯하여 비용에 대하여 감소가
가능하면서 경제 행위를 할 수 있는 방향으로 진전

	특징적인 요소
공유경제의 트렌드 : 기부의 형태와 비용 감소 추구	4차 산업혁명과 연계된 공유경제도 하나의 트렌드로 진행이 되고 있는 것도 현실 경제이다. 여기에는 기부의 형태를 비롯하여 비용에 대하여 감소가 가능하면서 경제 행위를 할 수 있는 방향으로 진전이 이루어지고 있는 것이다.

표 8-5 공유경제의 트렌드 : 기부의 형태와 비용 감소 추구

그림 8-6 한국 고용률과 한국 총저축률의 동향

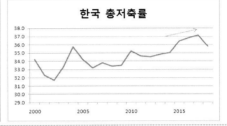

<그림 8-6>은 한국 고용률과 한국 총저축률의 동향이다. 한국 고용률과 한국 총저축률의 동향의 단위는 %이다. 한국 고용률과 한국 총저축률의 기간은 각각 1999년 6월부터 2019년 7월까지의 월간자료와 2000년부터 2018년까지의 연간 자료이다.

이 데이터들은 한국은행(BANK OF KOREA)의 홈페이지에 나와 있는 경제통계 시스템을 이용하여 얻은 것이다. 한국 고용률의 경우에는 최근 들어 대체로 상승하는 추세 상에 놓여 있음을 알 수 있다.

그림 8-7 미국 총저축률과 일본 총저축률의 동향

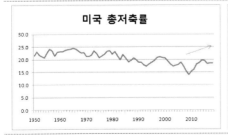
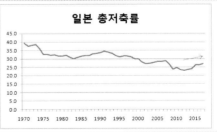

<그림 8-7>은 미국 총저축률과 일본 총저축률의 동향이다. 미국 총저축률과 일본 총저축률의 동향의 단위는 %이다. 미국 총저축률과 일본 총저축률 기간은 각각 1950년부터 2018년까지와 1970년부터 2017년까지의 연간 자료이다. 이 데이터들은 한국은행(BANK OF KOREA)의 홈페이지에 나와 있는 경제통계시스템을 이용하여 얻은 것이다.

그림 8-8 중국 총저축률과 영국 총저축률의 동향

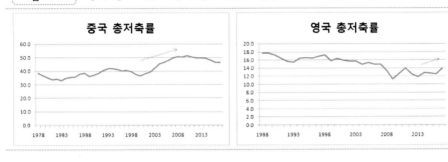

<그림 8-8>은 중국 총저축률과 영국 총저축률의 동향이다. 중국 총저축률과 영국 총저축률의 동향의 단위는 %이다. 중국 총저축률과 영국 총저축률의 기간은 각각 1978년부터 2017년까지와 1988년부터 2017년까지의 연간 자료이다. 이 데이터들은 한국은행(BANK OF KOREA)의 홈페이지에 나와 있는 경제통계시스템을 이용하여 얻은 것이다.

그림 8-9 유로지역 총저축률과 독일 총저축률의 동향

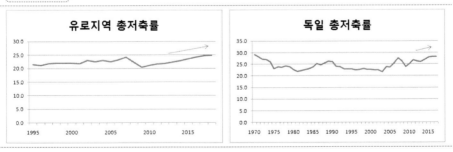

<그림 8-9>는 유로지역 총저축률과 독일 총저축률의 동향이다. 유로지역

총저축률과 독일 총저축률 동향의 단위는 %이다. 유로지역 총저축률과 독일 총저축률의 기간은 각각 1995년부터 2018년까지와 1970년부터 2017년까지의 연간 자료이다. 이 데이터들은 한국은행(BANK OF KOREA)의 홈페이지에 나와 있는 경제통계시스템을 이용하여 얻은 것이다.

　<그림 8-10>은 대만 총저축률과 한국 민간소비증감률(실질)의 동향이다. 대만 총저축률과 한국 민간소비증감률(실질)의 단위는 %이다. 대만 총저축률과 한국 민간소비증감률(실질)의 기간은 각각 1951년부터 2018년까지의 연간자료와 2018년 3분기부터 2019년 2분기까지의 분기별 자료이다.

　한국 민간소비증감률(실질)의 분기별 자료는 2018년 8월과 11월 및 2019년 2월과 5월의 자료에 해당한다. 이 데이터들은 한국은행(BANK OF KOREA)의 홈페이지에 나와 있는 경제통계시스템을 이용하여 얻은 것이다.

그림 8-10　대만 총저축률과 한국 민간소비증감률(실질)의 동향

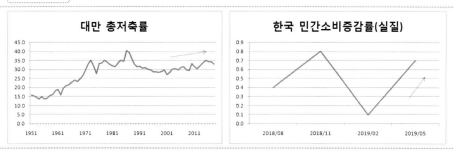

제2절　진화론적인 게임 장점과
　　　세계 초일류 부자의 경제와 경영관

　선진국과의 상생 협력의 분야에 연구 및 개발에 있어서 협력적인 플랫폼(platform)의 형태로 참여하는 모형이 현 정부를 중심으로 잘 추진되고 있다. 이는 비교우위에 의한 재화와 서비스의 분업에 따른 무역의 확대 측면의 경우에 있어 바람직한 것이다. 서로의 국가들 간에 있어서 이익을 가져다주는 상생모형을 발굴하자는 취지로 시장전문가들은 판단하고 있다.

표 8-6 선진국과의 협력분야에 연구 및 개발에 협력적인 플랫폼 형태로 참여하는 모형

	특징적인 요소
선진국과의 상생 협력의 분야에 연구 및 개발에 있어서 협력적인 플랫폼 (platform)의 형태로 참여하는 모형	선진국과의 상생 협력의 분야에 연구 및 개발에 있어서 협력적인 플랫폼(platform)의 형태로 참여하는 모형이 현 정부를 중심으로 잘 추진되고 있다. 이는 비교우위에 의한 재화와 서비스의 분업에 따른 무역의 확대 측면의 경우에 있어 바람직한 것이다. 서로의 국가들 간에 있어서 이익을 가져다주는 상생모형을 발굴하자는 취지로 시장전문가들은 판단하고 있다.

2019년 9월 중순 들어 미국과 중국의 무역관련 마찰이 어느 정도 줄어들 수도 있다는 기대감이 시장에서 형성되고 있다. 하지만 미국의 주식시장을 놓고 볼 때 해외 무역동향만이 영향을 주는 것은 아니기 때문에 잘 지켜볼 필요가 있는 상황이다.

그림 8-11 선진국과의 협력분야에 연구 및 개발에 협력 플랫폼 형태로 참여하는 모형

선진국과의 상생 협력의 분야에 연구 및 개발에 있어서
협력적인 플랫폼(platform)의 형태로 참여하는 모형이
현 정부를 중심으로 잘 추진되고 있음

↓

비교우위에 의한 재화와 서비스의 분업에 따른
무역의 확대 측면의 경우에 있어 바람직한 것

↓

서로의 국가들 간에 있어서 이익을 가져다 주는
상생모형을 발굴하자는 취지로
시장전문가들은 판단

표 8-7 2019년 9월 중순 미국과 중국의 무역관련 마찰감소 가능성과 미국의 증시관계

	특징적인 요소
2019년 9월 중순 들어 미국과 중국의 무역관련 마찰 감소 가능성과 미국의 주식시장의 관계	2019년 9월 중순 들어 미국과 중국의 무역관련 마찰이 어느 정도 줄어들 수도 있다는 기대감이 시장에서 형성되고 있다. 하지만 미국의 주식시장을 놓고 볼 때 해외 무역동향만이 영향을 주는 것은 아니기 때문에 잘 지켜볼 필요가 있는 상황이다.

그림 8-12 2019년 9월 중순 미국·중국의 무역관련 마찰감소 가능성과 미국의 증시관계

2019년 9월 중순 들어 미국과 중국의 무역관련 마찰이
어느 정도 줄어들 수도 있다는 기대감이 시장에서 형성

↓

미국의 주식시장을 놓고 볼 때 해외 무역동향만이 영향을
주는 것은 아니기 때문에 잘 지켜볼 필요가 있는 상황

세계적인 초일류의 부자와 미국의 공통점은 무엇일까? 인터넷에 의한 혁명적인 시대를 살아가는 현시대를 살펴보아도 미국의 프론티어(frontier) 정신과 같이 세계적인 초일류의 부자의 경우 현실적인 부(富)에 안주하지 않고 지속적으로 새로운 실현 가능한 부(富)를 찾아 실험해보고 찾아보면서 새로운 영역과 세계 곳곳에서 비즈니스(business) 모형을 찾아가고 있다.

이는 공유경제에서 보듯이 휴대폰의 서비스와 새로운 경제체제가 융합되어 함께 발전해 가는 새로운 사업의 영역들이 인터넷을 기반으로 지속적으로 창출되고 있기 때문이기도 하다.

표 8-8 세계적인 초일류의 부자와 미국의 공통점 : 프론티어(frontier) 정신

	특징적인 요소
세계적인 초일류의 부자와 미국의 공통점 : 프론티어	세계적인 초일류의 부자와 미국의 공통점은 무엇일까? 인터넷에 의한 혁명적인 시대를 살아가는 현시대를 살펴보아도 미국의 프론티어(frontier) 정신과 같이 세계적인 초일류의 부자의 경우 현실적인

(frontier) 정신	부(富)에 안주하지 않고 지속적으로 새로운 실현 가능한 부(富)를 찾아 실험해보고 찾아보면서 새로운 영역과 세계 곳곳에서 비즈니스(business) 모형을 찾아가고 있다.
	공유경제에서 보듯이 휴대폰의 서비스와 새로운 경제체제가 융합되어 함께 발전해 가는 새로운 사업의 영역들이 인터넷을 기반으로 지속적으로 창출되고 있기 때문이기도 하다.

그림 8-13 | 세계적인 초일류의 부자와 미국의 공통점 : 프론티어(frontier) 정신의 체계

세계적인 초일류의 부자와 미국의 공통점

↓

인터넷에 의한 혁명적인 시대를 살아가는 현시대를
살펴보아도 미국의 프론티어(frontier) 정신과 같이 세계적인
초일류의 부자의 경우 현실적인 부(富)에 안주하지 않고
지속적으로 새로운 실현 가능한 부(富)를 찾아 실험해보고
찾아보면서 새로운 영역과 세계 곳곳에서 비즈니스
(business) 모형을 찾아가고 있음

↑

공유경제에서 보듯이 휴대폰의 서비스와
새로운 경제체제가 융합되어 함께
발전해 가는 새로운 사업의 영역들이
인터넷을 기반으로 지속적으로 창출되고
있기 때문

현실 경제에 접목시키는 진화론적인 게임에 있어서의 장점은 인간들이 반드시 합리적이어야 한다는 당위성이 없으며 단지 진화를 선택하는 것이 생물학적으로 생존적인 전략에 있어서 우월한 전략을 취하는 것과 동일하게 관련되어 있을 뿐이라는 것이다.

	특징적인 요소
표 8-9	현실 경제에 접목시키는 진화론적인 게임에 있어서의 장점

	특징적인 요소
현실 경제에 접목시키는 진화론적인 게임에 있어서의 장점	현실 경제에 접목시키는 진화론적인 게임에 있어서의 장점은 인간들이 반드시 합리적이어야 한다는 당위성이 없으며 단지 진화를 선택하는 것이 생물학적으로 생존적인 전략에 있어서 우월한 전략을 취하는 것과 동일하게 관련되어 있을 뿐이라는 것이다.

그림 8-14 현실 경제에 접목시키는 진화론적인 게임에 있어서의 장점

현실 경제에 접목시키는

진화론적인 게임에 있어서의 장점

↓

인간들이 반드시 합리적이어야 한다는 당위성이 없으며

단지 진화를 선택하는 것이 생물학적으로 생존적인 전략에

있어서 우월한 전략을 취하는 것과 동일하게 관련되어

있을 뿐이라는 것

그림 8-15 한국 설비투자증감률(실질)과 한국 건설투자증감률(실질)의 동향

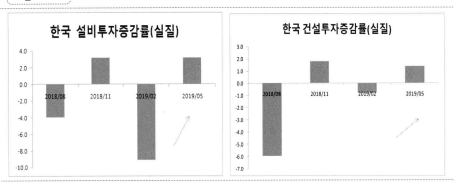

<그림 8-15>는 한국 설비투자증감률(실질)과 한국 건설투자증감률(실질)의 동향이다. 한국 설비투자증감률(실질)과 한국 건설투자증감률(실질)의 단위는 %이다. 한국 설비투자증감률(실질)과 한국 건설투자증감률(실질)의 기간은 모두 2018년 3분기부터 2019년 2분기까지의 분기별 자료이다.

한국 설비투자증감률(실질)과 한국 건설투자증감률(실질)의 분기별 자료는 2018
년 8월과 11월 및 2019년 2월과 5월의 자료에 해당한다. 이 데이터들은 한국은행
(BANK OF KOREA)의 홈페이지에 나와 있는 경제통계시스템을 이용하여 얻은 것
이다.

<그림 8-16>은 한국 제조업 평균가동률과 한국 제조업 재고율지수의 동향
이다. 한국 제조업 평균가동률과 한국 제조업 재고율지수의 단위는 %이다. 한국
제조업 평균가동률과 한국 제조업 재고율지수의 기간은 각각 1980년 1월부터
2019년 7월과 1985년 1월부터 2019년 7월의 월간 자료이다. 이 데이터들은 한국
은행(BANK OF KOREA)의 홈페이지에 나와 있는 경제통계시스템을 이용하여 얻은
것이다.

그림 8-16　한국 제조업 평균가동률과 한국 제조업 재고율지수의 동향

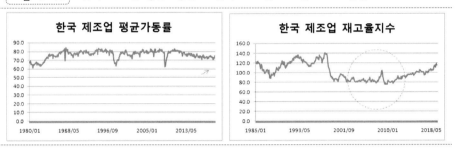

그림 8-17　한국 시간당명목임금증감률(좌축)과 한국 노동생산성증감률(우축)의 동향

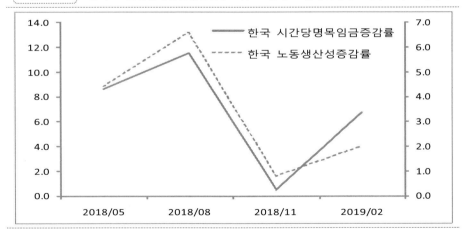

<그림 8-17>은 한국 시간당명목임금증감률(좌축)과 한국 노동생산성증감률(우축)의 동향이다. 한국 시간당명목임금증감률과 한국 노동생산성증감률의 단위는 %이다. 한국 시간당명목임금증감률과 한국 노동생산성증감률의 기간은 모두 2018년 2분기부터 2019년 1분기까지의 분기별 자료이다.

한국 시간당명목임금증감률과 한국 노동생산성증감률의 분기별 자료는 2018년 5월과 2018년 8월, 11월 및 2019년 2월에 해당한다. 이 기간 동안의 한국 시간당명목임금증감률과 한국 노동생산성증감률의 상관계수는 0.93이었다.

그리고 이 데이터들은 한국은행(BANK OF KOREA)의 홈페이지에 나와 있는 경제통계시스템을 이용하여 얻은 것이다. 이러한 한국의 노동생산성지수의 상승은 주단위에서 52시간제의 시행으로 인하여 나타난 현상으로 시장전문가들은 판단하고 있다.

그림 8-18 한국 단위노동비용증감률(좌축)과 한국 생산자물가등락률(우축)의 동향

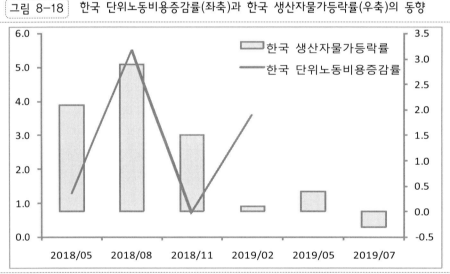

<그림 8-18>은 한국 단위노동비용증감률(좌축)과 한국 생산자물가등락률(우축)의 동향이다. 한국 단위노동비용증감률과 한국 생산자물가등락률의 단위는 %이다. 한국 단위노동비용증감률과 한국 생산자물가등락률의 기간은 각각 2018년 2분기부터 2019년 1분기까지의 분기별 자료이다.

한국 단위노동비용증감률과 한국 생산자물가등락률의 분기별 자료는 2018년

5월과 2018년 8월, 11월 및 2019년 2월에 해당한다. 이 기간 동안의 한국 시간당 명목임금증감률과 한국 노동생산성증감률의 상관계수는 0.23이었다.

그리고 이 데이터들은 한국은행(BANK OF KOREA)의 홈페이지에 나와 있는 경제통계시스템을 이용하여 얻은 것이다. 2019년 7월의 생산자물가지수의 동향을 살펴보면 전월대비로는 보합수준을 나타냈다. 이는 국제적인 유가의 하락분과 2017년의 폭염에 따른 농림수산품의 가격수준이 반영된 결과로 시장전문가들은 판단하고 있다.

그림 8-19 한국 근원인플레이션율(우축)과 한국 수출물가등락률(좌축)의 동향

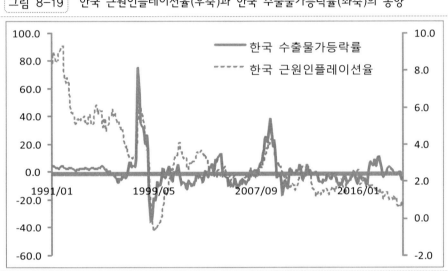

<그림 8-19>는 한국 근원인플레이션율(우축)과 한국 수출물가등락률(좌축)의 동향이다. 한국 근원인플레이션율과 한국 수출물가등락률의 단위는 %이다. 한국 근원인플레이션율과 한국 수출물가등락률의 기간은 각각 1991년 1월부터 2019년 8월과 1991년 1월부터 2019년 7월까지의 월별 자료이다.

이 기간 동안의 한국 근원인플레이션율과 한국 수출물가등락률의 상관계수는 0.36이었다. 그리고 이 데이터들은 한국은행(BANK OF KOREA)의 홈페이지에 나와 있는 경제통계시스템을 이용하여 얻은 것이다.

연습문제 8

1. 블록체인과 암호화폐 및 사물인터넷과 인공지능 등과의 협조관계에 대하여 설명하시오.

정답

	특징적인 요소
블록체인과 암호화폐 및 사물인터넷과 인공지능 등과의 협조관계	오픈소스로 인한 사업영역에 이더리움과 비트코인이 포함되었듯이 블록체인과 암호화폐 개발관련 발전 역시 사물인터넷과 인공지능 등과 협조관계에서 상생하면서 거대하고 하나인 오픈소스로 한국에서 사업영역이 넓혀지기를 시장전문가들은 희망하고 있다.

2. 한국의 정부와 경제 주체에서 세계적으로 연구 및 개발 체제의 강화에 대하여 설명하시오.

정답

	특징적인 요소
한국의 정부와 경제 주체 : 해외의 유망한 기업에 대한 인수 및 합병과 세계 연구 및 개발 체제의 강화	한국의 정부와 경제 주체들이 해외의 유망한 기업에 대한 인수 및 합병과 세계적으로 연구 및 개발 체제의 강화 등으로 인한 새로운 수출성장전략 방안으로 인하여 진행될 수 있도록 잘 준비해 나가고 있다고 시장에서는 판단하고 있다.

3. 이타적인 경향의 기업경영 게임에 대하여 설명하시오.

정답

	특징적인 요소
이타적인 경향의 기업경영 게임	현실 경제와 관련하여 부를 독점하는 기업을 상정한 게임 형태가 있다. 이는 부를 독점하는 기업이 생산량을 정한 양만큼 생산하고 나머지는 다른 기업들의 생산의 몫으로 분배를 하고 나머지 기업들은 주어지는 대로 생산하는 게임 형태이다. 이는 기업의 본성이 사람과 유사하다고 가정을 할 경우 사람들에게 대입을 하였을 때 전통적인 경제학에서 가정을 하는 사람들은 합리적이며 이기적으로 행동하는지와 관련하여 알아보기 위한 게임의 형태로도 전개될 수 있다.

4. 규모의 경제와 가격선도 기업에 대하여 설명하시오.

정답

	특징적인 요소
규모의 경제와 가격선도 기업	무역의 형태에서 서로 간의 협조도 중요하지만 세계 초일류의 회사들의 경영 방식에 있어서도 이와 같은 부를 독점하는 기업 형태의 게임이 형성되는가? 이에 대하여 규모의 경제와 같은 방식에 있어서 그리고 가격선도자의 형태를 지향하는 경쟁질서에서는 어느 정도 설득력이 있을 수도 있다.
	예를 들어 승자 독식과 같이 가격선도 기업이 모든 시장 점유율을 혼자 차지할 수도 있을 만큼 경쟁이 치열한 것도 사실이기 때문이다. 그러면 이와 같은 현상이 모든 상황과 모든 기업, 모든 품목에 있어서도 그러할까? 이는 보다 세밀한 분석과 공생과 공유의 체계의 질서로 시계열에 걸쳐서도 잘 판단해 보아야 한다.
	적어도 서로 업종이 다른 경우에는 협조가 잘 이루어지는 것으로 판단되고 같은 업종과 품목의 생산에 있어서는 냉혹한 현실의 경쟁의 논리가 우선적으로 적용되기도 하는 것이 현실의 경제이기도 하다.

5. 공유경제의 트렌드 중 기부의 형태와 비용 감소 추구에 대하여 설명하시오.

정답

	특징적인 요소
공유경제의 트렌드 : 기부의 형태와 비용 감소 추구	4차 산업혁명과 연계된 공유경제도 하나의 트렌드로 진행이 되고 있는 것도 현실 경제이다. 여기에는 기부의 형태를 비롯하여 비용에 대하여 감소가 가능하면서 경제 행위를 할 수 있는 방향으로 진전이 이루어지고 있는 것이다.

6. 선진국과의 협력분야에 연구 및 개발에 협력적인 플랫폼 형태로 참여하는 모형에 대하여 설명하시오.

정답

	특징적인 요소
선진국과의 상생 협력의 분야에 연구 및 개발에 있어서 협력적인 플랫폼(platform)의 형태로 참여하는 모형	선진국과의 상생 협력의 분야에 연구 및 개발에 있어서 협력적인 플랫폼(platform)의 형태로 참여하는 모형이 현 정부를 중심으로 잘 추진되고 있다. 이는 비교우위에 의한 재화와 서비스의 분업에 따른 무역의 확대 측면의 경우에 있어 바람직한 것이다. 서로의 국가들 간에 있어서 이익을 가져다주는 상생모형을 발굴하자는 취지로 시장전문가들은 판단하고 있다.

7. 2019년 9월 중순 미국과 중국의 무역관련 마찰감소 가능성과 미국의 증시관계에 대하여 설명하시오.

정답

	특징적인 요소
2019년 9월 중순 들어 미국과 중국의 무역관련 마찰 감소 가능성과 미국의 주식시장의 관계	2019년 9월 중순 들어 미국과 중국의 무역관련 마찰이 어느 정도 줄어들 수도 있다는 기대감이 시장에서 형성되고 있다. 하지만 미국의 주식시장을 놓고 볼 때 해외 무역동향만이 영향을 주는 것은 아니기 때문에 잘 지켜볼 필요가 있는 상황이다.

8. 세계적인 초일류의 부자와 미국의 공통점에서 프론티어(frontier) 정신에 대하여 설명하시오.

정답

	특징적인 요소
세계적인 초일류의 부자와 미국의 공통점 : 프론티어(frontier) 정신	세계적인 초일류의 부자와 미국의 공통점은 무엇일까? 인터넷에 의한 혁명적인 시대를 살아가는 현시대를 살펴보아도 미국의 프론티어(frontier) 정신과 같이 세계적인 초일류의 부자의 경우 현실적인 부(富)에 안주하지 않고 지속적으로 새로운 실현 가능한 부(富)를 찾아 실험해보고 찾아보면서 새로운 영역과 세계 곳곳에서 비즈니스(business) 모형을 찾아가고 있다.
	공유경제에서 보듯이 휴대폰의 서비스와 새로운 경제체제가 융합되어 함께

발전해 가는 새로운 사업의 영역들이 인터넷을 기반으로 지속적으로 창출되고 있기 때문이기도 하다.

9. 현실 경제에 접목시키는 진화론적인 게임에 있어서의 장점에 대하여 설명하시오.

정답

	특징적인 요소
현실 경제에 접목시키는 진화론적인 게임에 있어서의 장점	현실 경제에 접목시키는 진화론적인 게임에 있어서의 장점은 인간들이 반드시 합리적이어야 한다는 당위성이 없으며 단지 진화를 선택하는 것이 생물학적으로 생존적인 전략에 있어서 우월한 전략을 취하는 것과 동일하게 관련되어 있을 뿐이라는 것이다.

제5편

공유경제 디지털
재테크 게임과
억만장자의 정보경제

제9장　　공유경제의 디자인과 진화론적인 반복 게임

제1절　공유경제의 디자인 및 행동주의적인 경제학

　행동주의적인 경제학(behavioral economics)에서 인간은 제한된 유한한 자원에 대하여 합리적인(rational) 적응과정을 통하여 추구하게 되는 이기적 존재로 정의되는 고전적인 경제학적 이론에 대하여 반대적인 논리로 설명하고 있다.

　이는 기업이나 개인이 이윤 추구의 논리로 하여 모든 경제행위를 하지는 않는 다는 논리이기도 하다. 2018년도에 국내에 도입된 스튜어드십의 코드와 관련하여 ESG와 같은 사회적인 기여도와 친환경적인 요소 등이 이에 해당한다. 이러한 상생의 노력은 대기업과 중소기업의 협력적인 발전과 같은 국가적인 시스템의 안정을 비롯하여 다양하게 전개되어 나갈 수 있다.

표 9-1	행동주의적인 경제학(behavioral economics)의 현실 경제의 적용
	특징적인 요소
행동주의적인 경제학(behavioral economics)의 현실 경제의 적용	행동주의적인 경제학(behavioral economics)에서 인간은 제한된 유한한 자원에 대하여 합리적인(rational) 적응과정을 통하여 추구하게 되는 이기적 존재로 정의되는 고전적인 경제학적 이론에 대하여 반대적인 논리로 설명하고 있다.
	기업이나 개인이 이윤 추구의 논리로 하여 모든 경제행위를 하지는 않는다는 논리이기도 하다. 2018년도에 국내에 도입된 스튜어드십의 코드와 관련하여 ESG와 같은 사회적인 기여도와 친환경적인 요소 등이 이에 해당한다.

| 그림 9-1 | 행동주의적인 경제학(behavioral economics)의 현실 경제 적용의 관계 |

행동주의적인 경제학(behavioral economics)

⬇

인간은 제한된 유한한 자원에 대하여
합리적인(rational) 적응과정을 통하여
추구하게 되는 이기적 존재로 정의되는
고전적인 경제학적 이론에 대하여
반대적인 논리로 설명

| 그림 9-2 | 공유경제와 체험과 공유의 디자인 체계 |

공유경제

⬇

공동의 체험을 통하여 자연스럽게
소비자들의 소비와 연결되며 성공적인 마케팅에
대한 근간과 정서적인 유대감의 증진을 통하여
회사의 브랜드에 대한 가치를
높일 수 있는 계기

⬇

공유경제의 플랫폼의 형성과 함께 체험과
공유의 디자인으로 인하여 공유경제 체제
강화되는 것

이는 지속가능한 대한민국과 기업 및 개인이 사적인 영역(private sector)에서의 기업 및 개인의 이윤의 추구가 다르기만 한 것은 아니라는 관점이다. 한편 휴대폰 서비스에 의한 발전과 함께 진행되는 공유경제 체제와도 연결성을 가질 수 있다.

여기서는 이와 같은 공유경제는 공동의 체험을 통하여 자연스럽게 소비자들의 소비와 연결되며 성공적 마케팅에 대한 근간과 정서적인 유대감의 증진을 통하여 회사의 브랜드에 대한 가치를 높일 수 있는 계기가 되기도 한다. 이는 공유경제의 플랫폼의 형성과 함께 체험과 공유의 디자인으로 인하여 공유경제 체제가 강화되는 것이다.

표 9-2 공유경제와 체험과 공유의 디자인

	특징적인 요소
공유경제와 체험과 공유의 디자인	지속가능한 대한민국과 기업 및 개인이 사적인 영역(private sector)에서의 기업 및 개인의 이윤의 추구가 다르기만 한 것은 아니라는 관점이다. 한편 휴대폰 서비스에 의한 발전과 함께 진행되는 공유경제 체제와도 연결성을 가질 수 있다.
	공유경제는 공동의 체험을 통하여 자연스럽게 소비자들의 소비와 연결되며 성공적 마케팅에 대한 근간과 정서적인 유대감의 증진을 통하여 회사의 브랜드에 대한 가치를 높일 수 있는 계기가 되기도 한다. 이는 공유경제의 플랫폼의 형성과 함께 체험과 공유의 디자인으로 인하여 공유경제 체제가 강화되는 것이다.

그림 9-3 한국 주택매매가격등락률(전도시, KB)(우축)과 한국 수입물가등락률(좌축)의 동향

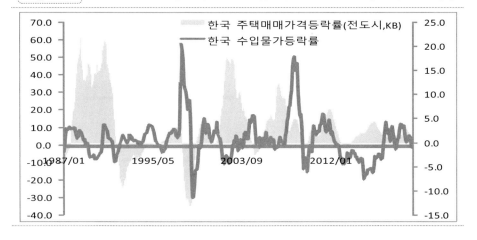

<그림 9-3>은 한국 주택매매가격등락률(전도시, KB)(우축)과 한국 수입물가등락률(좌축)의 동향이다. 한국 주택매매가격등락률(전도시, KB)과 한국 수입물가등락률의 단위는 %이다. 한국 주택매매가격등락률(전도시, KB)과 한국 수입물가등락률의 기간은 각각 1987년 1월부터 2019년 8월과 1987년 1월부터 2019년 7월까지의 월별 자료이다.

이 기간 동안의 한국 주택매매가격등락률(전도시, KB)과 한국 수입물가등락률의 상관계수는 −0.11이었다. 이와 같이 상관성이 떨어지는 이유는 한국 주택매매가격등락률의 경우 국내적인 요인들이 주로 영향을 미치는 반면에 한국 수입물가등락률은 대외 경제에 의하여 영향을 받기 때문이다. 그리고 이 데이터들은 한국은행(BANK OF KOREA)의 홈페이지에 나와 있는 경제통계시스템을 이용하여 얻은 것이다.

<그림 9-4>는 아파트매매가격등락률(서울, KB)(우축)과 WTI 현물유가등락률(좌축)의 동향이다. 아파트매매가격등락률(서울, KB)과 WTI 현물유가등락률의 단위는 %이다. 아파트매매가격등락률(서울, KB)과 WTI 현물유가등락률의 기간은 모두 1992년 1월부터 2019년 8월까지의 월별 자료이다.

이 기간 동안의 아파트매매가격등락률(서울, KB)과 WTI 현물유가등락률의 상관계수는 0.23이었다. 이 데이터들은 한국은행(BANK OF KOREA)의 홈페이지에 나와 있는 경제통계시스템을 이용하여 얻은 것이다.

이와 같은 상관성의 경우 WTI 현물유가등락률은 대외적인 경기변동(business cycle)을 비롯하여 국외적인 요인들에 의하여 영향을 주로 받고 아파트매매가격등락률(서울, KB)의 경우 정책적인 측면과 국내의 아파트매매에 따른 수요와 공급에 주로 영향을 받은 결과로 보인다. 그리고 이 데이터들은 한국은행(BANK OF KOREA)의 홈페이지에 나와 있는 경제통계시스템을 이용하여 얻은 것이다.

그림 9-4 아파트매매가격등락률(서울, KB)(우축)과 WTI 현물유가등락률(좌축)의 동향

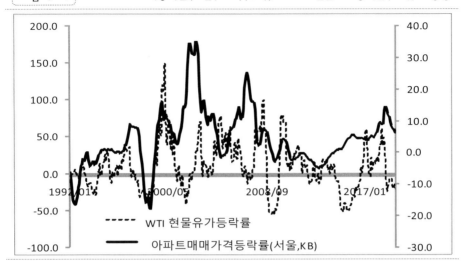

그림 9-5 한국 M1(평잔)증감률과 한국 M2(평잔)증감률의 동향

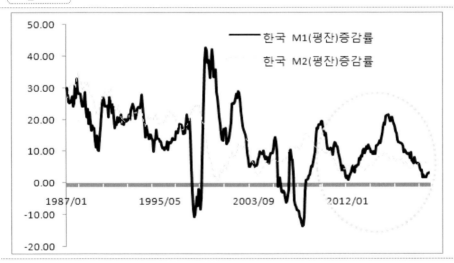

<그림 9-5>는 한국 M1(평잔)증감률과 한국 M2(평잔)증감률의 동향이다. 한국 M1(평잔)증감률과 한국 M2(평잔)증감률의 단위는 %이다. 한국 M1(평잔)증감률과 한국 M2(평잔)증감률의 기간은 모두 1987년 1월부터 2019년 6월까지의 월별 자료이다.

이 기간 동안의 한국 M1(평잔)증감률과 한국 M2(평잔)증감률의 상관계수는

0.34이었다. 이 데이터들은 한국은행(BANK OF KOREA)의 홈페이지에 나와 있는 경제통계시스템을 이용하여 얻은 것이다.

그림 9-6 한국 Lf(평잔)증감률(좌축)과 한국 어음부도율(우축)의 동향

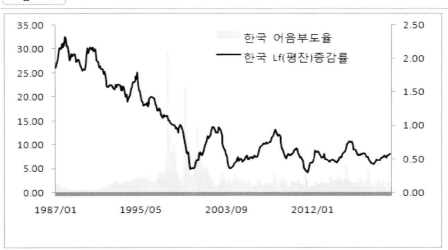

<그림 9-6>은 한국 Lf(평잔)증감률(좌축)과 한국 어음부도율(우축)의 동향이다. 한국 Lf(평잔)증감률과 한국 어음부도율의 단위는 %이다. 한국 Lf(평잔)증감률과 한국 어음부도율의 기간은 각각 1987년 1월부터 2019년 6월과 1987년 1월부터 2019년 7월까지의 월별 자료이다.

이 기간 동안의 한국 Lf(평잔)증감률과 한국 어음부도율의 상관계수는 −0.19이었다. 이 데이터들은 한국은행(BANK OF KOREA)의 홈페이지에 나와 있는 경제통계시스템을 이용하여 얻은 것이다.

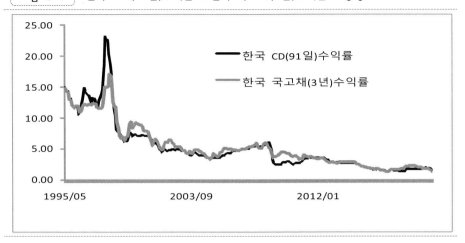

그림 9-7 한국 CD(91일)수익률과 한국 국고채(3년)수익률의 동향

<그림 9-7>은 한국 CD(91일)수익률과 한국 국고채(3년)수익률의 동향이다. 한국 CD(91일)수익률과 한국 국고채(3년)수익률의 단위는 연%이다. 한국 CD(91일) 수익률과 한국 국고채(3년)수익률의 기간은 모두 1995년 5월부터 2019년 8월까지 의 월별 자료이다.

이 기간 동안의 한국 CD(91일)수익률과 한국 국고채(3년)수익률의 상관계수는 0.97이었다. 이 데이터들은 한국은행(BANK OF KOREA)의 홈페이지에 나와 있는 경제통계시스템을 이용하여 얻은 것이다.

제2절 진화론적인 게임의 세계관의 반복적인 경제 및 무역 게임

단기적인 기술의 습득이 어려울 경우 이에 대한 기술력이 있는 해외기업의 인수 와 대외적인 환경의 어려움으로 인하여 부품과 소재 관련 기술개발 등을 할 수 있 는 방안이 현 정부에서 잘 진행되고 있는 것으로 시장전문가들은 판단하고 있다.

표 9-3	기술력이 있는 해외기업의 인수와 부품과 소재 관련 기술개발 등 방안의 진행

	특징적인 요소
기술력이 있는 해외기업의 인수와 부품과 소재 관련 기술개발 등 방안의 진행	단기적인 기술의 습득이 어려울 경우 이에 대한 기술력이 있는 해외기업의 인수와 대외적인 환경의 어려움으로 인하여 부품과 소재 관련 기술개발 등을 할 수 있는 방안이 현 정부에서 잘 진행되고 있는 것으로 시장전문가들은 판단하고 있다.

그림 9-8	기술력 있는 해외기업의 인수와 부품과 소재 관련 기술개발 등 방안의 진행

단기적인 기술의 습득이 어려울 경우

↓

기술력이 있는 해외기업의 인수와 대회적인

환경의 어려움으로 인하여 부품과 소재 관련

기술개발 등을 할 수 있는 방안

미국과 유럽의 시장들에 있어서는 미국과 중국 간의 무역마찰의 해소와 함께 세계 경제동향을 포함하여 미국의 금리정책 등에 대하여 예의 주시하고 있다. 이는 향후 미국의 경기상황 등과도 연계하여 신중한 반응을 하고 있는 것이다.

표 9-4	미국과 유럽의 시장 : 미국의 금리정책과 세계 무역정책 주목

	특징적인 요소
미국과 유럽의 시장 : 미국의 금리정책과 세계 무역정책 주목	미국과 유럽의 시장들에 있어서는 미국과 중국 간의 무역마찰의 해소와 함께 세계 경제동향을 포함하여 미국의 금리정책 등에 대하여 예의 주시하고 있다. 이는 향후 미국의 경기상황 등과도 연계하여 신중한 반응을 하고 있는 것이다.

| 그림 9-9 | 미국과 유럽의 시장 : 미국의 금리정책과 세계 무역정책 주목 |

미국과 유럽의 시장들

↓

미국과 중국 간의 무역마찰의 해소와 함께

세계 경제동향을 포함하여 미국의 금리정책

등에 대하여 예의 주시

이는 진화론적인 게임에서도 적용이 되고 있는데, 미국과 중국 간에 있어서 그리고 한국과 일본 간에 있어서 무역적인 긴장관계가 서로에게 도움이 되지 않는다는 것을 잘 알고 있다는 것이다.

| 표 9-5 | 진화론적인 게임의 적용 : 원활한 세계 무역질서로의 회귀 가능성 |

	특징적인 요소
진화론적인 게임의 적용 : 원활한 세계 무역질서로의 회귀 가능성	진화론적인 게임에서도 적용이 되고 있는데, 미국과 중국 간에 있어서 그리고 한국과 일본 간에 있어서 무역적인 긴장관계가 서로에게 도움이 되지 않는다는 것을 잘 알고 있다는 것이다.

| 그림 9-10 | 진화론적인 게임의 적용 : 원활한 세계 무역질서로의 회귀 가능성 |

진화론적인 게임에서의 적용

↓

미국과 중국 간 및 한국과 일본 간에 있어서

무역적인 긴장관계가 서로에게 도움이 되지

않는다는 것을 잘 알고 있음

따라서 전략적으로 언젠가는 해결해 나갈 수밖에 없고 이는 국가 간에 그리고 개인 간에도 똑같이 적용될 수 있는 것이다. 진화론적인 게임의 세계관에서는 반복적으로 이루어지는 경제 및 무역 게임에서 서로 간에 이타적인 행위와 협조를 결국에는 해 나갈 수밖에 없다는 것이다.

표 9-6

	특징적인 요소
진화론적인 게임의 세계관 : 반복적인 경제 및 무역 게임	전략적으로 언젠가는 해결해 나갈 수밖에 없고 이는 국가 간에 그리고 개인 간에도 똑같이 적용될 수 있는 것이다. 진화론적인 게임의 세계관에서는 반복적으로 이루어지는 경제 및 무역 게임에서 서로 간에 이타적인 행위와 협조를 결국에는 해 나갈 수밖에 없다는 것이다.

표 9-6 진화론적인 게임의 세계관 : 반복적인 경제 및 무역 게임

그림 9-11 진화론적인 게임의 세계관 : 반복적인 경제 및 무역 게임

진화론적인 게임의 세계관

↓

반복적으로 이루어지는 경제 및 무역 게임에서
서로 간에 이타적인 행위와 협조를
결국에는 해 나갈 수밖에 없다는 것임

이와 연관성이 있는 공유경제의 경우 미국에서는 10~30% 사이에서 사람들이 이와 같은 공유경제를 활용하고 있으며 옷과 차의 대여시장 등에서 편리성의 장점을 경험하고 있는 것으로 나타나고 있다.

표 9-7 미국의 공유경제 : 편리성의 장점

	특징적인 요소
미국의 공유경제 : 편리성의 장점	공유경제의 경우 미국에서는 10~30% 사이에서 사람들이 이와 같은 공유경제를 활용하고 있으며 옷과 차의 대여시장 등에서 편리성의 장점을 경험하고 있는 것으로 나타나고 있다.

그림 9-12 미국의 공유경제 : 편리성의 장점

공유경제의 경우

↓

미국에서는 10∼30% 사이에서 사람들이
이와 같은 공유경제를 활용하고 있으며 옷과
차의 대여시장 등에서 편리성의 장점 경험

그림 9-13 한국 종합주가지수(우축)와 한국 가계신용잔액(좌축)의 동향

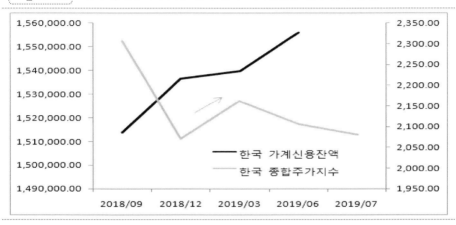

　　<그림 9-13>은 한국 종합주가지수(우축)와 한국 가계신용잔액(좌축)의 동향
이다. 한국 종합주가지수와 한국 가계신용잔액의 단위는 각각 1980.01.04＝100과
십억 원이다. 한국 종합주가지수의 기간은 2018년 9월과 12월, 2019년 3월과 6
월, 7월의 수치이고, 한국 가계신용잔액은 2018년 9월과 12월, 2019년 3월과 6월
의 수치이다.

　　이 기간 동안의 한국 종합주가지수와 한국 가계신용잔액의 상관계수는 −0.81
이었다. 이 데이터들은 한국은행(BANK OF KOREA)의 홈페이지에 나와 있는 경제
통계시스템을 이용하여 얻은 것이다.

그림 9-14 | 한국 경상수지와 한국 상품수지의 동향

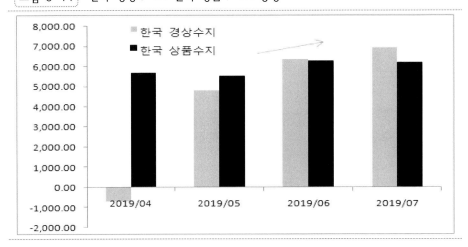

<그림 9-14>는 한국 경상수지와 한국 상품수지의 동향이다. 한국 경상수지와 한국 상품수지의 단위는 모두 백만 달러이다. 한국 경상수지와 한국 상품수지의 기간은 모두 2019년 4월부터 7월까지의 월간 자료이다.

이 기간 동안의 한국 경상수지와 한국 상품수지의 상관계수는 0.63이었다. 이 데이터들은 한국은행(BANK OF KOREA)의 홈페이지에 나와 있는 경제통계시스템을 이용하여 얻은 것이다.

그림 9-15 | 한국 금융계정과 한국 서비스수지의 동향

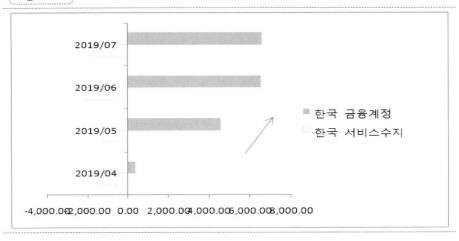

<그림 9-15>는 한국 금융계정과 한국 서비스수지의 동향이다. 한국 금융계정과 한국 서비스수지의 단위는 모두 백만 달러이다. 한국 경상수지와 한국 상품수지의 기간은 모두 2019년 4월부터 7월까지의 월간 자료이다.

이 기간 동안의 한국 경상수지와 한국 상품수지의 상관계수는 −0.53이었다. 이 데이터들은 한국은행(BANK OF KOREA)의 홈페이지에 나와 있는 경제통계시스템을 이용하여 얻은 것이다. 2019년 7월의 여가 및 문화서비스수지가 드라마와 세계적인 가수그룹 등에 따른 한류로 인하여 상당 폭 개선된 것으로 알려지고 있다.

그림 9-16   한국 외환보유액(우축)과 한국 순상품교역조건지수(좌축)의 동향

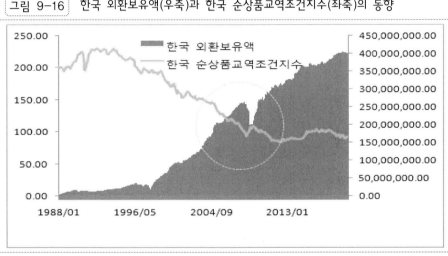

<그림 9-16>은 한국 외환보유액(우축)과 한국 순상품교역조건지수(좌축)의 동향이다. 한국 외환보유액과 한국 순상품교역조건지수의 단위는 각각 천 달러와 2010=100이다. 한국 외환보유액과 한국 순상품교역조건지수의 기간은 각각 1988년 1월부터 2019년 8월과 1988년 1월부터 2019년 7월까지의 월간 자료이다.

이 기간 동안의 한국 외환보유액과 한국 순상품교역조건지수의 상관계수는 −0.95이었다. 이 데이터들은 한국은행(BANK OF KOREA)의 홈페이지에 나와 있는 경제통계시스템을 이용하여 얻은 것이다.

제3절 공유경제 디지털 재테크 게임과 억만장자의 정보경제

공유경제는 휴대폰 서비스를 비롯한 4차 산업혁명과 IoT를 비롯하여 로봇, 인공지능, 블록체인 등과 매우 밀접하게 성장해 나가고 있다. 이는 미국에서 시작되어 동남아시아의 국가를 비롯하여 새로운 형태의 비즈니스를 만들어 가고 있으며, 세계적인 기업이 투자를 해나가고 있는 분야이기도 하다.

미국에 있어서 세계 초일류기업을 운영하고 있는 기업가들은 인터넷을 기반으로 하여 사업을 확장해 나가고 있는데, 이들 기업들은 항상 호황을 구가할 수 있는 상황을 갖고 있다. 예를 들어 미국에서 공화당 정부가 집권 시에는 법인세 인하 등을 통하여 기업의 자유로운 활동으로 매출액과 판매액 등이 늘어나서 이익을 창출해 나갈 수 있다.

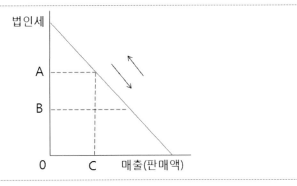

그림 9-17 법인세 인하와 매출액과 판매액 증가의 관계

<그림 9-17>은 법인세 인하와 매출액과 판매액 증가의 관계가 나타나 있다. 일반적으로 기업의 활동을 자유롭게 하여 생산 증대를 도모할 수 있는 법인세 인하의 경우 결국 매출액과 판매액의 증가로 귀결되어 기업의 이윤 창출에 도움이 될 수 있다고 한다. 이 그림에서 법인세를 A점에서 B점 방향으로 인하할 경우 매출액 또는 판매액이 C점 이상으로 증가할 수 있음을 나타낸다.

그리고 미국에서 민주당 정부가 들어서면 서민대출과 관련된 저금리 기조를 비롯한 금리인하가 단행되어 저금리로 인해 풍부한 유동성을 기반으로 하는 자산

가치의 상승이 있게 된다.

그림 9-18 저금리 기조와 유동성 공급의 관계

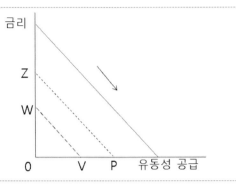

<그림 9-18>에는 저금리 기조와 유동성 공급의 관계가 나와 있다. 금리가 인하될 경우 유동성 공급은 늘어나는 반비례의 관계를 상정할 수 있다. 이는 Z점과 P점의 선과 W점과 V점을 지나는 선에서도 반비례의 관계로 살펴볼 수 있다.

그리고 이와 같은 세계 초일류기업의 운영가도 회사와 별도로 개인적인 80세까지의 프로젝트를 진행하고 설계를 한다. 외국의 경우에도 개인 투자자에게 있어서 강변을 중심으로 하는 자산들에 있어서 가격 상승이 다른 지역보다 높은지와 홍콩과 싱가포르, 대만 등과 같이 경제규모가 비슷한 국가에서의 아파트 가격을 포함한 지가의 수준과 한국이 높은 지 등도 살펴볼 필요가 있다.

그리고 개인적으로 인생 설계상 은퇴기 이후에 병원비와 생활비를 위한 연금과 각종 금융상품과 금을 포함한 안전자산 등의 실물자산의 비율과 관련된 포트폴리오도 생각할 필요성이 있다.

최근 몇 년 동안의 재테크 동향을 살펴보면 한국경제에서 가장 시가총액 규모가 큰 기업의 주가가 상승하여 안정적이면서도 투자자들에게 낮은 위험 주식의 고수익이 가능하게 여건이 마련된 적이 있다.

또한 가상화폐와 관련하여 투자자들의 이목을 끌 수 있을 정도의 좋은 수익률이 발생한 적도 있으며, 실물자산의 부동산(아파트) 가격이 상승해 나가고 있기도 하는 등 재테크 관점에서 관심을 갖게 하는 요소들의 움직임이 있어 왔다. 그리고 안전자산 선호 현상으로 금 가격이 좋은 흐름을 지속하고 있기도 하면서 실물자산에 대한 관심도를 갖게 하고 있는 것이다.

최근 동향에서는 앞서 언급한 바와 같이 세계 무역질서의 안정뿐 아니라 미국을 비롯한 세계 금리 정책동향 등까지 세계 투자자들이 주목하고 있는 상황이다. 이러한 세계 거시경제의 흐름과 미시적인 산업 및 기업동향 등에 주목하여야 하는 시점이다.

디지털 재테크는 이와 같은 배경으로 인하여 무수히 반복되는 게임에 개인이나 기업 등이 직면한다는 점도 중요할 것으로 판단된다. 이는 각종 정확하고 부가가치가 높은 정보가 무엇인지 잘 판단해 나가는 것도 디지털 재테크 시대에 중요한 것으로 파악된다.

연습문제 9

1. 행동주의적인 경제학(behavioral economics)의 현실 경제의 적용에 대하여 설명하시오.

정답

	특징적인 요소
행동주의적인 경제학 (behavioral economics)의 현실 경제의 적용	행동주의적인 경제학(behavioral economics)에서 인간은 제한된 유한한 자원에 대하여 합리적인(rational) 적응과정을 통하여 추구하게 되는 이기적 존재로 정의되는 고전적인 경제학적 이론에 대하여 반대적인 논리로 설명하고 있다.
	기업이나 개인이 이윤 추구의 논리로 하여 모든 경제행위를 하지는 않는다는 논리이기도 하다. 2018년도에 국내에 도입된 스튜어드십의 코드와 관련하여 ESG와 같은 사회적인 기여도와 친환경적인 요소 등이 이에 해당한다.

2. 공유경제와 체험과 공유의 디자인에 대하여 설명하시오.

정답

	특징적인 요소
공유경제와 체험과 공유의 디자인	지속가능한 대한민국과 기업 및 개인이 사적인 영역(private sector)에서의 기업 및 개인의 이윤의 추구가 다르기만 한 것은 아니라는 관점이다. 한편 휴대폰 서비스에 의한 발전과 함께 진행되는 공유경제 체제와도 연결성을 가질 수 있다.
	공유경제는 공동의 체험을 통하여 자연스럽게 소비자들의 소비와 연결되며 성공적 마케팅에 대한 근간과 정서적인 유대감의 증진을 통하여 회사의 브랜드에 대한 가치를 높일 수 있는 계기가 되기도 한다. 이는 공유경제의 플랫폼의 형성과 함께 체험과 공유의 디자인으로 인하여 공유경제 체제가 강화되는 것이다.

3. 기술력이 있는 해외기업의 인수와 부품과 소재 관련 기술개발 등 방안의 진행에 대하여 설명하시오.

정답

	특징적인 요소
기술력이 있는 해외기업의 인수와 부품과 소재 관련 기술개발 등 방안의 진행	단기적인 기술의 습득이 어려울 경우 이에 대한 기술력이 있는 해외기업의 인수와 대외적인 환경의 어려움으로 인하여 부품과 소재 관련 기술개발 등을 할 수 있는 방안이 현 정부에서 잘 진행되고 있는 것으로 시장전문가들은 판단하고 있다.

4. 미국과 유럽의 시장에서 미국의 금리정책과 세계 무역정책 주목에 대하여 설명하시오.

정답

	특징적인 요소
미국과 유럽의 시장 : 미국의 금리정책과 세계 무역정책 주목	미국과 유럽의 시장들에 있어서는 미국과 중국 간의 무역마찰의 해소와 함께 세계 경제동향을 포함하여 미국의 금리정책 등에 대하여 예의 주시하고 있다. 이는 향후 미국의 경기상황 등과도 연계하여 신중한 반응을 하고 있는 것이다.

5. 진화론적인 게임의 적용에서 원활한 세계 무역질서로의 회귀 가능성에 대하여 설명하시오.

정답

	특징적인 요소
진화론적인 게임의 적용 : 원활한 세계 무역질서로의 회귀 가능성	진화론적인 게임에서도 적용이 되고 있는데, 미국과 중국 간에 있어서 그리고 한국과 일본 간에 있어서 무역적인 긴장관계가 서로에게 도움이 되지 않는다는 것을 잘 알고 있다는 것이다.

6. 진화론적인 게임의 세계관에서 반복적인 경제 및 무역 게임에 대하여 설명하시오.

정답

	특징적인 요소
진화론적인 게임의 세계관 : 반복적인 경제 및 무역 게임	전략적으로 언젠가는 해결해 나갈 수밖에 없고 이는 국가 간에 그리고 개인 간에도 똑같이 적용될 수 있는 것이다. 진화론적인 게임의 세계관에서는 반복적으로 이루어지는 경제 및 무역 게임에서 서로 간에 이타적인 행위와 협조를 결국에는 해 나갈 수밖에 없다는 것이다.

7. 미국의 공유경제에서 편리성의 장점에 대하여 설명하시오.

정답

	특징적인 요소
미국의 공유경제 : 편리성의 장점	공유경제의 경우 미국에서는 10~30% 사이에서 사람들이 이와 같은 공유경제를 활용하고 있으며 옷과 차의 대여시장 등에서 편리성의 장점을 경험하고 있는 것으로 나타나고 있다.

참고문헌

Berger, J.(2013), Contagious, Why Things Catch On(Simon & Schuster, New York).

Clare, A., and King, R. D.(2001), Knowledge Discovery in Multi−label Phenotype Data, In Proceedings of the 5th European Conference on Principles of Data Mining and Knowledge Discovery, Frieburg, Germany.

Dash, M. and Liu, H.(1997), Feature Selection for Classification, *Intelligent Data Analysis*, 1, (104).

Dunbar, R.(2004), The Human Story(Faber and Faber, London).

Doquire, G. and Verleysen, M.(2011), Feature Selection for Multi−label Classification Problems, In Proceedings of the 11th Conference on Artificial Neural Networks on Adventures in Computational Intelligence, Spain.

Guyon, L., Gunn, S., Nikravesh, M., and Zadeh, L. A.(2006), Feature Extraction: foundations and applications, Springer−Verlag New York, Inc., Secaucus, NJ. USA.

Olsson, J. O. S. and Oard, D. W.(2006), Combination Feature Selectors for Text Classification, In Proceedings of the 15th ACM International Conference on Information and Knowledge Management, Arlington, Virginia, USA.

Read, J. Peahringer, B., Holmes, G., and Frank, E.(2009), Classifier Chains for Multi−label Classification, In Proceedings of the European Conference on Machine Learning and Knowledge Discovery in Databases, Bled, Slovenia.

Sorower, M. S.(2010), A Literature Survey on Algorithms for Multi−label Learning.

Tsoumakas, G., Katakis, I., and Vlahavas, I.(2010), Mining Multi−label Data, In Data Mining and Knowledge Discovery Handbook, O, Maimon and L, Rokach(Eds.), Springer, US.

http://ecos.bok.or.kr/

찾아보기

저자약력

김종권

성균관대학교 경제학사 졸업
서강대학교 경제학석사 졸업
서강대학교 경제학박사 졸업
대우경제연구소 경제금융연구본부 선임연구원 역임
LG투자증권 리서치센터 책임연구원 역임
한국보건산업진흥원 정책전략기획단 책임연구원 역임
전 산업자원부 로봇팀 로봇융합포럼 의료분과위원
전 한국경제학회 사무차장
전 한국국제경제학회 사무차장
현재 신한대학교 글로벌통상경영학과 부교수
　　　한국국제금융학회 이사

저서

재정학과 실무, 박영사, 2017.12
정보경제학과 4차 산업혁명, 박영사, 2018.9
금융재정학과 블록체인, 박영사, 2018.10
디지털경제의 재테크 트렌드, 박영사, 2019.7
백만장자가 되기 위한 재테크통계학, 박영사, 2019.8
지금이 부자(富者)될 기회다, 박영사, 2019.11

공적

의정부세무서장 표창장(2011.3.3)
국회 기획재정위원회 위원장 표창장(2018.5.3)
국회 산업통상자원중소벤처기업위원회 위원장 표창장(2019.9.3)

초일류 부자는 호황을 이야기한다 – 디지털 공유경제 트렌드 및 재테크 정보게임

초판발행	2019년 11월 10일
지은이	김종권
펴낸이	안종만·안상준
편 집	전채린
기획/마케팅	손준호
표지디자인	조아라
제 작	우인도·고철민
펴낸곳	(주) **박영사**
	서울특별시 종로구 새문안로3길 36, 1601
	등록 1959. 3. 11. 제300-1959-1호(倫)
전 화	02)733-6771
f a x	02)736-4818
e-mail	pys@pybook.co.kr
homepage	www.pybook.co.kr
ISBN	979-11-303-0866-1 93320

* 잘못된 책은 바꿔드립니다. 본서의 무단복제행위를 금합니다.
* 저자와 협의하여 인지첩부를 생략합니다.

정 가   18,000원